Philine Pawlas und Nils Petersen

Niemand weint um Uria

Eine Handreichung zum erzählenden Predigen

PAWLAS&PETERSEN

CIP-Kurztitelaufnahme der Deutschen Bibliothek

Pawlas, Philine/Petersen, Nils:
Niemand weint um Uria
Nübbel-Risum : Pawlas & Petersen Verlag 2009

ISBN-10: 3-938718-06-4
ISBN-13: 978-3-938718-06-3

Satz: Petersen/Pawlas
Titelbild/Illustrationen: Mehrdad Zaeri
Druck und Bindung: DIP DigitalPrint, Witten
Kontakt: PP-Verlag@web.de
www.Pawlas-Petersen.de
Printed in Germany

Inhalt

Die narrative Predigt und vier kleine Regeln, wie sie gelingt

Hinführung

In der erzählenden oder narrativen Predigt ist das Ergebnis der Auseinandersetzung mit dem Predigttext eine Geschichte.
Glaubensinhalte, Glaubenserfahrungen in Form von Geschichten weiterzugeben, steht in einer langen biblischen Tradition von Erzählungen – der Schöpfungsgeschichte, den Vätergeschichten, Erfahrungen des Volkes Israels mit ihrem Gott, der Apostelgeschichte und anderen.
Es geht um die Grundform biblischer Verkündigung, in der darum in Geschichten von Gott erzählt wird, weil Gott durch Geschehen redet und Geschichte wirkt.
Aber auch die Predigthörerin und der Predigthörer erleben ihr Dasein in mehr oder weniger abgeschlossenen Geschichten, teilweise deutlich abgeschlossen durch eine Trennung, den Tod eines Menschen oder das Überschreiten einer Altersgrenze.
Nie können wir unser Leben im Ganzen, wie aus einem Guss betrachten. Es sind Geschichten, die unser Leben gründen. Auch unser Sprachgebrauch ist davon bestimmt. „Das ist eine lange Geschichte, wollen Sie sie hören?" „Da ist eine ganz üble Geschichte gelaufen." „Was machst Du für Geschichten?" Diese Wendungen unserer Sprache sind bekannt und üblich - in Sprache wird gedacht.

Uns Menschen in unseren Geschichten kommt die Bibel mit ihren Geschichten entgegen. Wir können uns mit unseren Geschichten in ihren Geschichten wieder finden, uns in erzählte Situationen hineinversetzen, ohne dass eine besondere Vermittlung vorangegangen ist. Wir können uns mit dem Reden und Handeln, Freud und Leid der in der Erzählung Beteiligten identifizieren – so wird aus *deren* Geschichte *meine* Geschichte.

Wenn wir Geschichten hören, wenn sie uns erzählt werden, bekommen wir ein tieferes Verständnis von einer Situation. Wir lernen einen Menschen näher kennen, wenn wir mit seiner Geschichte vertraut werden. Wir lernen die Historie als Geschichte kennen, die uns etwas angeht und nicht als eine fremde Zusammenballung von Daten und Fakten. In der Erzählsituation werden wir als Hörende hinein genommen in die Geschichte, in den Verlauf und in die Aussage, die uns näher gebracht werden soll. Dafür aber muss es eine gute Geschichte sein, die uns Hörende tatsächlich in unserer Lebenswirklichkeit abholt, und ganz wichtig, sie muss eine Geschichte sein, die in uns nachschwingt.

Und so ist eine narrative Predigt nie eine bloße Nacherzählung des Textes oder einfaches Übersetzen in die heutige Sprache, sondern vielmehr eine Inszenierung des Textes in der Lebenswelt der Predigthörerinnen und –hörer. Sie schafft es durch ihre besondere, nicht weniger fundierte Auseinandersetzung mit dem Predigttext, das Interesse zu wecken, sich auf die Predigt einzulassen und eigene Bilder miteinzubringen. Sie ermöglicht es, sich mit seinen Erfahrungen in Erfahrungen anderer wieder zu finden oder mit Erfahrungen konfrontiert zu sehen, die andere Menschen mit Gott gemacht haben. Die verschiedenen und grundlegenden Aspekte des Textes sind dabei eingefasst in die erzählerische Handlung, alles wird durch den Handlungsrahmen zusammengehalten.

Eine erzählende Predigt erklärt sich selbst.

Was ist eine gute Geschichte? Das ist natürlich schwer zu sagen, da eine Geschichte im Geschehen des Erzählens zwischen den Hörenden und dem Predigenden erst ihre Wirkung zeigt. Und diese kann gänzlich unterschiedlich sein, wie die Erfahrung gelehrt hat. Die einen fanden sie mäßig witzig, während andere sich halb totgelacht haben. Dem einen sagt die Geschichte nichts, während sie einen anderen noch Tage und Wochen begleitet. Das ist normal und unterscheidet die erzählende Predigt nicht von der Symbolpredigt, der seelsorgerlichen Predigt u.ä.

Darum darf es auch niemals gehen. Zu glauben, es gäbe eine Predigtform, die alle auf gleiche Weise erreicht, ist eine Hybris und bedarf an dieser Stelle keiner ausführlichen Diskussion.
Was aber einer gewissen Ausführlichkeit bedarf ist die Form einer erzählenden Predigt an sich. Eine Predigt, in der eine Geschichte vorkommt, ist noch keine erzählende Predigt, sondern eine Predigt in der eine Geschichte vorkommt. Um eine erzählende Predigt zu schreiben, muss der Prediger oder die Predigerin einen Eros zur Schriftstellerei verspüren. Denn eine erzählende Predigt ist stärker literarisch als andere Formen. Die literarische Form steht sogar im Vordergrund, weil sie *in diesem Falle* der einzige Weg ist, auf dem der Inhalt transportiert wird. D.h., es gibt keine Einleitung und keinen erklärenden Abschluss außerhalb der Geschichte. Denn: eine erzählende Predigt erklärt sich selbst.
Ich möchte an dieser Stelle doch ein paar negativ Beispiele bringen, um zu verdeutlichen, was m.E. eine gute und eine schlechte erzählende Predigt ist.
Landläufig kommen wir uns als Hörende einer Predigt so vor, als würde unser Gegenüber meinen, wir verstünden nicht, was er oder sie tut. „Ich möchte ihnen eine Geschichte erzählen…" den Anfang kann sich jeder sparen. Fangen sie an eine Geschichte zu erzählen. „Es begab sich aber zu der Zeit …" oder „Alle sagen, ich sei ein dummer Esel. Nur weil ich ein Esel bin, muss ich ja wohl nicht dumm sein, oder?" Es muss niemandem erklärt werden, dass der Prediger kein Esel ist.
Auch eine Hinführung, die schon Teile der Geschichte vorweg nimmt, ist überaus ärgerlich. „Hört einmal genau hin, diese Geschichte erzählt ein Esel, und die Geschichte spielt in einem Stall," usw. Wenn es eine gute Geschichte ist, die gut geschrieben ist, dann weiß nachher jeder und jede, dass die Geschichte in einem Stall gespielt hat.
Und weil eine erzählende Predigt sich selbst erklärt, bedarf sie eben keiner abschließenden Erläuterung, in der den Hörenden die

Botschaft quasi an die Stirn genagelt wird. „Habt ihr gehört? In der Geschichte haben sich ein Esel und ein Ochse unterhalten."
Anfang und Ende sind eingewoben in die Geschichte, und alles was erklärt werden muss, wird in der Geschichte erklärt. Und dabei riskieren wir, dass jemand etwas anders versteht, als gemeint war. Aber das unterscheidet die erzählende Form der Predigt nicht von anderen. Sobald wir unsere Botschaft gesendet haben, sind wir nicht mehr Herr über das, was beim Empfänger ankommt. Was verstanden und gehört wird, hängt ja eben auch von der Situation ab, in der die Hörenden sich gerade befinden.

1. Erzählen Sie!

Die gesamte erzählende Predigt ist eine Geschichte.
Es hängt von unseren Begabungen ab, ob die erzählende Predigt uns liegt. Sie müssen eine Liebe zur Sprache und zum Fabulieren haben. Dabei treffen Sie mit jedem Wort und jedem Satz eine Entscheidung.
Sie können sagen: „Ein Mann geht um ein Haus." Dieser Satz enthält ein paar Informationen und es passiert etwas im Hörenden. Fragen stellen sich ein. Wie sieht der Mann aus? Was ist das für ein Haus? Warum geht er um das Haus? Vielleicht möchte er gucken, ob alle Fensterläden geschlossen sind.
Dieser Satz regt die Phantasie an. Ohne die Geschichte in die Länge zu ziehen, können Sie aber vielmehr Informationen in den Satz hinein arbeiten. „Ein Dieb schleicht um eine Villa." Nun geben wir die Richtung vor. Etwas Spannendes passiert. Vielleicht ein Einbruch. Die Besitzer einer Villa sind reich. Es ist bestimmt nachts, usw. Wir treffen Entscheidungen, wann wir Informationen setzen. „Ein Mann geht um ein Haus." Eher neutral. „Als er sich ganz sicher war, dass ihn niemand beobachtete und der Hausherr auch wirklich zum großen Fest gegangen war, schlug er die kleine Scheibe an der Seitentür ein und drehte den Schlüssel herum." Wir können die Information Stück für Stück Preis geben, was einen

steigenden Spannungsbogen erzeugt oder wir können bewusst darauf aufmerksam machen, jetzt passiert etwas Spannendes. Aber erzählen Sie es. Mit der Information, „ich möchte euch jetzt eine ganz spannende Geschichte erzählen“, lösen sie vielleicht Erwartungen aus, die sie gar nicht erfüllen. Die erzählende Form soll den von Ihnen gewählten Inhalt transportieren, ohne dass die Hörenden aus Langeweile aussteigen. Darum: Schreiben Sie spannend.

Wir sind immer noch beim Schreiben und noch nicht bei der Form, in der eine erzählende Predigt dargeboten werden kann. Und trotzdem ermutige ich Sie zum Erzählen. Erzählen Sie!

„Sie saß nervös am Fenster.“ Das ist nicht erzählt. Das ist eine Beschreibung wie im Fernsehen, ich sehe etwas mit meinen eigenen Augen und mir wird klar, diese Frau sitzt nervös am Fenster.

Beim Erzählen einer Geschichte sind wir nur auf Worte angewiesen. Sie lassen vor ihrem Inneren Auge ein Bild entstehen. Dieses Bild möchten Sie den Hörenden nahe bringen. Das muss man ein bisschen üben. Sie müssen üben auszuhalten, nicht das Wort *nervös* zu benutzen, obwohl Sie es sagen wollen, und am liebsten sofort in Ihre Geschichte hineingeschrieben hätten. Nehmen Sie Ihre Gemeinde mit, führen Sie ihre Gemeinde in das Zimmer mit dem Fenster. Stellen Sie ihr die Person vor, diese junge Frau, die unentwegt an ihrem Ehering dreht und sich immer wieder die eine Haarsträhne um den Finger wickelt. Wie oft ist sie nun schon zum Telefon gelaufen, um zu kontrollieren, ob der Stecker auch wirklich fest drinsteckt? Beschreiben Sie, dass der Aschenbecher vor Zigaretten langsam überquillt und der Türrahmen langsam eine tiefe Delle von ihren klopfenden Fingern bekommen hat. Fest hält sie ihre Knie an die Brust gedrückt, während sie aus dem Fenster starrt, immer auf die lang gestreckte Kurve, auf die sein Auto sonst immer so pünktlich einbiegt, usw.

Allen wird klar, wie nervös diese junge Frau ist. Und alle sind bei ihr im Zimmer, ganz persönlich. Erfahrungsbereiche werden greifbar und verständlich, weil wir alle in ihnen zu Hause sind. Wir kennen es zu warten. Wir kennen das Gefühl, wenn die Sonne untergeht und es dunkel wird. Wir wissen wie die Luft am Morgen riecht. Aber um dieses innere Bild in uns zu wecken, bedarf es einer erzählenden Hinführung. Manchmal können innere Bilder von einem Symbol ausgelöst werden, von Musik oder einem Foto. Es gibt verschiedene Zugänge zu unseren inneren Bildern. An diese inneren Bilder müssen wir heran, wenn wir wollen, dass unsere Predigt etwas Bleibendes auslöst.

2. Keine Bilder zerstören!

Erzählen Sie, um innere Bilder zu wecken.

Lösen Sie sich vom Beschreiben. Vertrauen Sie ihrer Erzählung. Trauen Sie sich selbst zu, dass Ihre Geschichte so klar und so gut ist, dass sie weder einer erklärenden Hinführung noch einer nachträglichen pädagogischen Vertiefung bedarf. Und trauen Sie Ihrem eigenen inneren Bild, denn dieses ist der Werkstoff aus dem ihre Geschichte geschnitzt wird.

Mit Geschichten geben wir Vorgaben, Stimmungen, Landschaften, Situationen. Wenn wir eine Situation benötigen, damit die Geschichte funktioniert, dann arbeiten wir dieses Bild heraus. Denn wir wollen, dass alle dasselbe Bild haben, auch wenn es vielleicht nicht aus dem inneren Erfahrungsschatz der einzelnen kommt. Wir brauchen einen Stall, in dem sich Ochse und Esel unterhalten. Es kann zu einer Verwirrung führen, die aus der Geschichte herausreißt, wenn der eine oder die andere erst einmal das innere Bild eines Hühnerstalls bekommt, weil die Nachbarin oder die Großeltern so einen haben. Ihre Geschichte muss die Bilder malen, die Sie brauchen. Sie darf in ihrer Form keine Bilder zerstören.

Als ein verdeutlichendes Beispiel möchte ich ein eigenes Erlebnis erzählen. Ich war als norddeutscher Student eine Zeit lang in Heidelberg. Dort habe ich an einem Seminar teilgenommen, in dem die Arbeitsform einer Traumreise vorkam. Die Leiterin ermutigte uns, das Bild einer inneren Landschaft auf zurufen. „Begeben Sie sich in ihre innere Landschaft, in der Sie sich wohl fühlen. Eine starke Landschaft, mit der Sie tiefe und glückliche Erinnerungen haben. Vielleicht ein Ort, an dem sie als Kind einmal waren", usw. Der Beginn einer klassischen Traumreise.

In einer netten Gruppe mit einer guten Atmosphäre fiel es mir leicht, ein solches Bild in mir zu finden. „Vielleicht ein Ort, an dem sie als Kind einmal waren. Eine große grüne Wiese, Berge am Horizont, ein Wasserfall, ..." und schon hatte sie mich heraus geworfen aus meinem Bild, hatte mein inneres Bild zerstört. Denn ich stand an der Nordsee, kein Berg, kein Wasserfall, keine grüne Wiese. Und doppelt ärgerlich war es im Verlauf, dass die Form der inneren Landschaft, ob Meer oder Gebirge, keinerlei Bedeutung für die weitere Traumreise hatte. Was motivierend wirken sollte, hatte bei mir das Gegenteil erreicht.

Wenn Sie ein Bild brauchen, wecken Sie keine *unbestimmten* inneren Bilder, sondern erzählen von Anfang an so, dass der Ort der Geschichte allen klar ist. Wecken Sie keine Bedürfnisse, die Sie nicht erfüllen wollen. Laden Sie nicht zum Träumen ein, wenn Sie führen wollen. Und wenn Sie wollen, dass die Phantasie die Führung übernimmt, geben sie keine unnötigen Hinweise. Erzählen sie nicht, dass Peter eine blaue Jeanshose trägt, wenn es egal ist. Lassen Sie den Hörenden die eigene Vorstellung, vielleicht ist Peter blond, vielleicht dunkelhaarig. Wenn Sie aber eine Vorgabe machen, dann muss sie auch eine Bedeutung haben. *Wenn im ersten Akt eine Pistole auf die Bühne getragen wird, muss sie spätestens im letzten Akt abgefeuert werden.*

3. Alles habe eine Bedeutung!

Alles, was Sie erzählerisch vorgeben, hat eine Bedeutung. Diese Bedeutung muss nicht immer tiefschürfend sein. Vielleicht bauen sie einen kleinen Witz ein, um durch allgemeines Lachen im Verlauf der Geschichte wieder die Aufmerksamkeit zu steigern. Oder steigern Sie durch eine Nebeninformation das Verständnis, obwohl sie für den Verlauf der Geschichte sekundär ist. Eine kleine Beiläufigkeit kann sehr ausführlich erzählt werden, um den Wunsch der Hörenden zu steigern, man möge doch nun endlich wieder auf den Haupterzählstrang zurückkehren. Sie entscheiden, wann Sie ihre Informationen preisgeben, und Sie wählen die Form, in der Sie es tun. Und seien Sie sich vorher im Klaren, was Sie bei Ihren Zuhörern auslösen möchten. Doch *sagen* Sie es *niemals,* es sei denn, es ist ein Teil der Geschichte.

Es kann ein Ziel sein, eine gute Atmosphäre zu schaffen, Gefühle zu erzeugen, die weihnachtlich oder österlich sind. Denn die Predigt hat im Verlauf eines Gottesdienstes keine selbstständige, losgelöste Funktion, sondern ist Teil eines thematischen Ganzen. Vorrangegangenes kann aufgegriffen und vertieft werden, noch Folgendes kann vorbereitet werden.

Trauen Sie ihrer Geschichte, trauen Sie Ihren Helden, trauen Sie Ihren eigenen Bildern und trauen Sie den Bildern jener Menschen, denen Sie predigen.

Erzählen Sie eine Geschichte, mit der Sie innere Bilder wecken, auf denen Sie eine Erzählung aufbauen. Ihre Erzählung ist die Predigt, mit der sie die gute Nachricht und Ihre eigene Interpretation den Menschen verkündigen. Dabei führen Sie, wo es nötig ist, und dabei lassen sie Raum für Phantasie, wo es möglich ist. Im narrativen Predigtgeschehen öffnen sich religiöse Räume, entstehen Momente der Begegnung zwischen dem Profanen und dem Heiligen.

4. Trauen Sie sich!

Häufig ist zu lesen oder zu hören, dass der Olymp der Predigt erreicht ist, wenn der Pfarrer oder die Pfarrerin *frei* predigt. Ich halte diese Aussage für falsch und ihren Anspruch für gefährlich. Gefährlich, weil sie so viele Predigerinnen und Prediger unter Druck setzt, sie müssten nun endlich auch *frei* predigen, um in den Stand der *wirklich* Guten erhoben zu werden.

Eine gut vorgelesene Predigt ziehe ich in der Regel jeder frei gehaltenen vor. Mit wenigen Ausnahmen kenne ich wirklich niemanden, der die Kunst der freien Predigt beherrscht, zumal sie eigentlich nirgendwo gelehrt wird. Bloß der Anspruch geistert durch die Kirche. Sie kennen vielleicht auch diesen Satz: „Der Pastor darf über alles predigen, nur nicht über sieben Minuten." Woran liegt das? Daran dass man uns so gerne zuhört? Wohl kaum. Ein gutes Trainingslager sind Lesungen. Auch Trash-poetry u.ä. Zum Teil sind dort Autoren, die eine Stunde vorlesen ohne jemals den Kopf zu heben und für eine Stunde ist konzentrierte Spannung im Raum. Manchmal ist es langweilig, obwohl der Vorleser oder die Vorleserin einen großen Namen hat. Mit unter scheinen einem Geschichten banal, wenn aber der junge Dichter ans Mikrophon tritt und seinen Text mit Leidenschaft und Schaum vor dem Mund dem Publikum um die Ohren haut, dann wünsche ich mir ab und an diese Begeisterung bei uns in den Kirchen und dieses Vertrauen in den eigenen Text.

Setzen Sie sich nicht unter Druck. Wenn Sie einen Eros fürs freie Erzählen haben, erzählen Sie ihre Geschichte, aber arbeiten Sie sie vorher schriftlich aus, damit Sie die inneren Bilder schon einmal in Sprache gebracht haben. Oder lesen Sie ihre Geschichte vor, das ist meistens sogar besser, knackiger und konzentrierter. Freie Erzählungen neigen dazu, lang und länger zu werden.

Treten Sie ruhig in die Kanzel, ruhig mit Ihrem oft so verpönten schwarzen Ringbuch, denn dann ist klar und deutlich: „Nun kommt eine Predigt." Das stellen Sie damit schon einmal heraus. Und welche Form diese Predigt nun hat, das erlebt Ihre Gemeinde im erzählenden Predigtgeschehen.

Trauen Sie sich und trauen Sie Ihrer Gemeinde ganz viel zu, umso mehr Spannung wächst im Predigtgeschehen, umso besser wird die Predigt, umso geschlossener wird der Gottesdienst.

Der Hauptmann und die Mutter
(Lk 23, 39-49)

*Aber einer der Übeltäter, die am Kreuz hingen, lästerte ihn und
sprach: Bist du nicht der Christus? Hilf dir selbst und uns! 40 Da
wies ihn der andere zurecht und sprach: Und du fürchtest dich
auch nicht vor Gott, der du doch in gleicher Verdammnis bist? 41
Wir sind es zwar mit Recht, denn wir empfangen, was unsre Taten
verdienen; dieser aber hat nichts Unrechtes getan. 42 Und er
sprach: Jesus, gedenke an mich, wenn du in dein Reich kommst! 43
Und Jesus sprach zu ihm: Wahrlich, ich sage dir: Heute wirst du
mit mir im Paradies sein.*
*44 Und es war schon um die sechste Stunde, und es kam eine Finsternis über das ganze Land bis zur neunten Stunde, 45 und die
Sonne verlor ihren Schein, und der Vorhang des Tempels riss mitten entzwei. 46 Und Jesus rief laut: Vater, ich befehle meinen Geist
in deine Hände! Und als er das gesagt hatte, verschied er.*
*47 Als aber der Hauptmann sah, was da geschah, pries er Gott und
sprach: Fürwahr, dieser ist ein frommer Mensch gewesen! 48 Und
als alles Volk, das dabei war und zuschaute, sah, was da geschah,
schlugen sie sich an ihre Brust und kehrten wieder um.*
49 Es standen aber alle seine Bekannten von ferne, auch die Frauen, die ihm aus Galiläa nachgefolgt waren, und sahen das alles.

Die Absperrungen machten ihr keine Angst mehr. Was hatte sie noch zu verlieren. Auch die automatischen Waffen, die drohend im Anschlag lagen, ließen sie nicht wanken. Mit sicheren Schritten ging sie auf die Straßensperre zu. Sie sah die Augen der jungen Soldaten, sie sah die Angst. Dieselbe Angst, die ihr Sohn hatte. Langsam, aber sicheren Schrittes ging die Frau auf die Soldaten zu, ohne auch nur einen von ihnen aus dem Blick zu verlieren.
Die jungen Soldaten hatten Angst vor ihr. Angst, dass sie eine schwarze Witwe sei, beladen mit Sprengstoff, um sie alle in den

Tod zu reißen. Aber das wollte sie nicht. Welchen Sinn hatte schon dieses Töten. Immer nur Töten. Zu viel Tod, dachte sie. Aber es gab für sie nichts mehr zu verlieren, außer ihrem eigenen Leben und an dem hing sie nicht mehr sonderlich.
Der Hauptmann hob die Hand und rief: „Bleiben sie stehen!“ Und sie gehorchte. Sie blieb einfach so stehen, mitten auf der Straße und acht Gewehre zielten auf sie. Achtmal Angst. Sie atmete ganz ruhig, was sie sogar etwas wunderte, auch ihr Plusschlag hatte sich nicht merklich beschleunigt. Vielleicht lag es daran, dass es für sie nichts mehr zu verlieren gab, vielleicht aber auch an der Angst der jungen Soldaten. Sie hatte einen deutlichen Vorteil, weil sie sich nicht fürchtete.
Minuten vergingen, sie stand im Visier der Gewehre und niemand rührte sich. Ein Soldat ließ das Gewehr sinken. Jener, der neben dem Hauptmann stand, er blickte ihn an, als wollte er sagen: „Und nun Hauptmann? Und nun?“
Der Hauptmann machte ein verkniffenes Gesicht. Tja. Und nun?
Er blickte den Soldaten an, der das Gewehr hatte sinken lassen und zuckte mit den Schultern.
Es war ein warmer, sonniger Morgen. Die Vögel waren noch nicht lange erwacht und die Soldaten auf der Barrikade standen schon die ganze Nacht Wache. Eine ruhige Nacht, ein klarer Sternenhimmel über einem besiegten Land. Junge Soldaten, die lieber zu Hause wären, bei ihren Familien oder Freundinnen, lieber zu Hause als hier, als Siegermacht das Land zu befrieden. Frieden?!
Sie warteten auf die Ablösung, nur noch eine kurze Zeit, und dann plötzlich diese Frau. Einfach so kam sie an, sie ging mitten auf der Straße, wich den Löchern von den Granateinschlägen aus und kam geradewegs auf sie zu. Sie machte keine Anstalten, unbemerkt zu bleiben. Das konnte eine Falle sein.
„Bleiben sie stehen!“ hatte der Hauptmann gerufen und sie war stehen geblieben. Nun stand sie da. Vögel zwitscherten am frühen Morgen, das Sonnenlicht war noch so durchscheinend hell, es hatte

noch nicht die Kraft, die es in den nächsten Stunden bekommen sollte.
„Gewehre in Anschlag“, hatte der Hauptmann gesagt und nun hob der junge Soldat auch wieder seine Waffe und nahm die Frau ins Visier. Dann stieg der Hauptmann über die Barrikade und ging auf die Frau zu.
„Ich möchte ihre Hände sehen!“ rief er ihr zu und sie hob sie über den Kopf.
Nun kam einer von ihnen. Einer ihrer Feinde. In seiner feindlichen Uniform, mit seinem feindlichen Helm, mit seinen feindlichen Stiefeln und seinem feindlichen Gang. Da kam ihr Feind auf sie zu und wollte ihr den Frieden bringen. Frieden!?
Als er sie abtastete, war er sehr höflich und behutsam. Er tat ihr nicht weh und war nicht ungehörig.
Als er festgestellt hatte, dass sie keine Waffen trug und keine Gefahr darstellte, fragte er: „Was wollen sie. Warum sind sie her gekommen?“
„Ich will zu meinem Sohn. Ich will ihn waschen, so wie es bei uns Brauch ist. Wie es unser Gesetz vorschreibt.“
Ach, sie ist die Mutter des Aufrührers. Jenes Mannes, den sie am Freitag hingerichtet haben. Was hatte er getan? Der Hauptmann wusste es nicht. Er war mit seinen Soldaten gekommen, um Frieden zu bringen und sein Land hatte gesiegt.
„Warum wurde ihr Sohn verurteilt, was hat er getan?“
„Nichts“, antwortete seine Mutter.
„Nichts! Wegen Nichts wird man nicht hingerichtet.“
„Er wollte nur Frieden bringen“, sagte sie traurig.
„Aber gute Frau“, sagte der Hauptmann. „Das war doch gar nicht seine Aufgabe. Er hätte es einfach uns überlassen sollen. So wie jetzt. Wir haben den Frieden gebracht.“
„Aber sein Frieden hätte ohne Barrikaden geendet. Bei seinem Frieden hätten nicht acht Soldaten eine Frau mit Gewehren bedroht. Sein Frieden ängstigte die Waffenindustrie. Sein Frieden

ängstigte die Kriegstreiber. Sein Frieden bedrohte die Industrie und die Großbanken. Sein Frieden wäre Frieden gewesen. Euer Frieden ist Krieg."
Der Hauptmann atmete tief durch. Er verlagerte sein Gewicht von einem Fuß auf den anderen und dabei ließ ihn die Frau nicht aus dem Auge. Er schnaubte vor sich hin. Warum war sie nicht eine Stunde später gekommen, da wäre er bereits abgelöst und müsste sich nicht mit dieser Situation herumplagen. Es könnte noch immer cinc Falle sein.
„Waschen wollen sie also ihren Friedefürsten?"
„Er ist mein Sohn."
Der Hauptmann schaute ihr in die Augen, dann schaute er auf seine Schuhe, er hob den Kopf und blickte zu seinen Soldaten, die sie immer noch im Visier hatten. Er hörte die Vögel zwitschern und fand, alles sei so friedlich.
„Dann kommen sie, auch wenn es gegen die Vorschriften ist." Er ging vor und die Frau folgte ihm. Zwei Soldaten halfen ihr über die Barrikade und sahen den Hauptmann fragend an. Dieser winkte aber ab. Er führte die Mutter zum Grab ihres Sohnes.
„Wer rollt den Stein weg, dass ich meinen Sohn waschen kann?"
„Gute Frage. Der ist ziemlich groß, wenn ich mich richtig erinnere." sagte der Hauptmann.
Als sie aber am Grab angekommen waren, war der Stein bereits weggerollt.
„Wo ist er!" schrie die Frau plötzlich und schlug mit ihren Fäusten auf den Hauptmann ein. „Ihr hab ihn weggebracht. Ihr wart das!"
„Nein, nein", rief der Hauptmann. Wir bewachen nun seit drei Tagen dieses Grab, aus Angst vor einem Aufstand, niemand hat das Grab angefasst."
Sie ließ die Fäuste hängen und weinte.
Der Hauptmann sah ins leere Grab und wunderte sich.
„Niemand hat das Grab angefasst", wiederholte er sich.
„Er wollte doch nur Frieden bringen", sagte seine Mutter.

„Und deswegen haben wir ihn getötet?“ fragte der Hauptmann.
Sie nickte, „er war eine Gefahr geworden, weil seine Worte zeigten, wer wirklich den Frieden will und wer nicht. Seine Worte waren Wahrheit, seine Worte waren Liebe.“
Dann fasste sie den Hauptmann am Arm und sagte. „Und sie kamen darin nicht vor.“
Dann drehte sie sich um und ging weg in den Morgen.
Der Hauptmann nahm seinen Helm ab und weinte.
Amen

Wenn der Hahn kräht
(Mt 26, 31-35 [...] 69-75)

Da sprach Jesus zu ihnen: In dieser Nacht werdet ihr alle Ärgernis nehmen an mir. Denn es steht geschrieben: »Ich werde den Hirten schlagen, und die Schafe der Herde werden sich zerstreuen.«
Wenn ich aber auferstanden bin, will ich vor euch hingehen nach Galiläa. Petrus aber antwortete und sprach zu ihm: Wenn sie auch alle Ärgernis nehmen, so will ich doch niemals Ärgernis nehmen an dir. Jesus sprach zu ihm: Wahrlich, ich sage dir: In dieser Nacht, ehe der Hahn kräht, wirst du mich dreimal verleugnen. Petrus sprach zu ihm: Und wenn ich mit dir sterben müsste, will ich dich nicht verleugnen. Das gleiche sagten auch alle Jünger.

Petrus aber saß draußen im Hof; da trat eine Magd zu ihm und sprach: Und du warst auch mit dem Jesus aus Galiläa.
Er leugnete aber vor ihnen allen und sprach: Ich weiß nicht, was du sagst. Als er aber hinausging in die Torhalle, sah ihn eine andere und sprach zu denen, die da waren: Dieser war auch mit dem Jesus von Nazareth. Und er leugnete abermals und schwor dazu: Ich kenne den Menschen nicht. Und nach einer kleinen Weile traten hinzu, die da standen, und sprachen zu Petrus: Wahrhaftig, du bist auch einer von denen, denn deine Sprache verrät dich. Da fing er an, sich zu verfluchen und zu schwören: Ich kenne den Menschen nicht. Und alsbald krähte der Hahn. Und er ging hinaus und weinte bitterlich.

Ach Petrus,
du bist nicht der Mann, der du gerne sein würdest. Immer gehst du vorweg mit einer großen Klappe. Nimmst den Mund gerne voller als andere, viel zu voll oftmals und dann, nur heiße Luft.

Du betrügst dich doch selbst, Petrus, merkst du das denn nicht? Du hältst deinen eigenen Worten nicht stand und dann den Worten Jesu schon gar nicht. Du wärst so gerne ein anderer. Stark, integer in jedem Moment, authentisch und wahrhaftig, und dann in dem Augenblick, in dem du deine ganze Stärke zeigen könntest, knickst du ein.

Ach Petrus. Du hast selbst daran geglaubt, nicht wahr? Du hast selbst daran geglaubt, dass du ein anderer bist, stimmt's?

Aber die Angst war stärker, die Furcht vor dem Leiden, vor den Schmerzen und dem Tod. Die Furcht wischte dein ganzes Selbstbild hinfort, dass du dir so schön zurecht gelegt hattest. Und du merkst es zuerst noch nicht einmal. Erst der Hahn zeigt dir, wer du wirklich bist. Ein Hahn.

Und dann weinst du, weil du ein anderer bist, als du gerne wärst.

Wer hat das von dir verlangt, Petrus? Wer hat dir gesagt, ein Mann muss stark sein, ein Mann muss mit dem Kopf durch die Wand gehen können, ein Mann darf sich nicht fürchten, wer hat dir das erzählt?

Wer hat deiner Schwester erzählt, wie eine Frau zu sein hat? Immer verführerisch und mütterlich zu gleich. Klug und strebsam, aber immer weich und häuslich. Wer hat dir und deinen Schwestern und Brüdern dieses Bild ins Bewusstsein gemalt, Petrus, an dem du fast zerbrochen wärest? Die Tradition, die Gesellschaft, die Werbung, ja und auch deine Eltern. Und nun sag mir, Petrus, wen kennst du im wirklichen Leben, der nicht zusammenbricht, wenn der Hahn kräht.

Ich meine nicht die Kinohelden, Petrus, ich meine nicht die Models oder Miss Germanys, ich meine nicht die Illusionen vom Menschen. Ich meine deinen Nachbarn, die Frau vom Imbiss, den Bäcker, die Arbeiterinnen und Arbeiter, die Lehrerinnen und Lehrer, wer kann denn hinter diesen Fassaden bestehen, die man uns vorgaukelt, die man uns vorhält. Wo sind denn diese Übermenschen in unseren Dörfern und Städten, Petrus, an denen wir fast alle zerbrechen?

Wir können doch immer nur in unserer Brüchigkeit, in unserer Zerrissenheit, so unperfekt wie wir sind, aufeinander zugehen und vor Gott treten. Du kannst dich selbst belügen, Petrus, du kannst auch mich belügen, Petrus, und deine Freunde, eine Zeit lang. Aber vor Gott bist du nackt, vor Gott stehst du schon als der, der du bist. Du kannst nie ein anderer sein, als du bist.

Und wenn der Hahn kräht, Petrus, dann weißt du es. Und dann weinst du bitterlich. Du glaubst, du hast versagt. Du glaubst, du hast Gott belogen, als du den Rücken stark machtest und „niemals! niemals!“ riefst. Aber das hast du nicht, denn Gott kannte dich besser, als du dich selbst. Du hast nicht versagt, Petrus, du warst nur kein anderer als du selbst. Du warst so, wie Gott dich erkannt hatte. Unsicher, zerrissen, ängstlich, begeistert und voller Courage, aber dann eben nur ein Mensch. Nur ein Mensch? Zum Glück, Petrus, warst du nur ein Mensch, einer, der sich selbst gerne überschätzte, einer, der andere mitreißen konnte, aber dann meistens als letzter kapiert hat, was gerade anstand.

Und gerade in diesem Unvermögen hat Jesus dich angenommen, er hat auf dir seine Kirche gebaut, errichtet auf einem brüchigen Felsen.

Es ist schwer für dich, Petrus, uns heute ein Vorbild zu sein, und wer ist schon gerne ein Vorbild an Unzulänglichkeiten, aber du bist ja nicht nur das, mein Petrus. Du zeigst uns, wie schwer es ist, sich selbst anzunehmen. Zu zeigst uns, wie tragisch es ist zu erkennen, dass wir unseren eigenen Bildern nicht entsprechen, die andere uns eingepflanzt haben. Aber deine Tränen sind nicht nur bitter, sie sind uns auch Tränen der Befreiung. Denn sie lösen alte Fesseln und machen uns frei vor Gott.

Deinen Hahn, Petrus, den brauchen wir manchmal, auch wenn es dann vielleicht weh tut.

Aber nur so, Petrus, kannst du wirklich du sein, nur so kann ich wirklich ich sein, nur so kannst du wirklich du sein. Nur dann, wenn der Hahn kräht und uns zeigt, wer wir sind. Jene Menschen, die Gott schon lange kennt und angenommen hat, bevor wir ihn angenommen haben.
Weine ruhig, Petrus, du bist nicht allein.
Amen

Niemand weint um Uria

(2. Sam 12, 1-10)

Sie war sehr schön.

Das ist nicht das Einzige, was von ihr zu sagen ist, aber es ist das Erste, was jedem, Mann und Frau, sofort auffiel, wie schön sie war. Es war eine Wonne, sie zu betrachten, ein Genuss fürs Auge. Viele Männer nahmen einen Streit mit ihrer Frau gerne in Kauf, um sich nach ihr umzusehen, wenn sie die Straße entlang ging. Sie war sehr schön und sie wusste es. Sie hieß Batseba und lebte in der Hauptstadt.

Ihr Mann war stolz auf seine schöne Frau, er liebte sie und genoss es, wenn ihn die anderen Männer der Stadt beneideten. Er hieß Uria. Niemals war Uria seiner Frau Batseba gegenüber argwöhnisch. Sie verstanden sich gut, er liebte sie und hatte in seinem Leben viel erreicht. Er war leitender Angestellter einer großen Firma, er hatte die schönste Frau der Hauptstadt geheiratet, wohnte in einer Eigentumswohnung im belebten Zentrum der blühenden Metropole.

Er arbeitete nicht in irgendeiner Firma, sondern in *der* Firma der Stadt.

Es war ein mächtiger Betrieb mit vielen Filialen und Außenstellen. Der Firmengründer und Direktor des Konzerns war der mächtigste Mann in der Stadt. Bevor der Stadtrat einen Beschluss auf die Wege brachte, gingen sie zuerst zum Direktor. Er hieß David. David war nicht nur der größte Arbeitgeber und der größte Steuerzahler der Hauptstadt, auch seine Spendenbereitschaft war enorm. Eine notwendige Straße, die David aus irgendwelchen Gründen störte, wurde nicht gebaut. Beschlüsse, die seines Erachtens seinem Betrieb schaden könnten, verließen nie die Schubladen der Politiker. Wer in der Stadt etwas erreichen wollte, kam an David nicht vorbei.

Uria arbeitete für Davids Konzern und er vertraute David, dass dieser das Beste für seine Angestellten wollte und auch erreichte. David und Uria wohnten sogar im selben Stadtteil. Uria und Batseba hatten ein schönes Apartment mit Dachterrasse. David wohnte in einem Penthouse, der höchsten Wohnung in der Stadt, höher als der Kirchturm und das Bankhochhaus. Er konnte auf die ganze Stadt blicken. Besonders gerne blickte er aber auf die Dachterrasse, um Batseba zu sehen. Auch ihm war die Schönheit der Frau seines Angestellten nicht entgangen. Und er wollte sie haben. Eigentlich hatte David alles was er wollte, Geld genug, schöne Frauen, die ihn umgaben, Macht, Autos, einfach alles. Nur diese Frau, so fand er, müsste er bekommen. Wenigstens für eine Nacht.
Nachts wachte David oft auf. Ihm trat im Schlaf ein Traumgesicht ans Bett. Ein alter Mann, der ihn, auf einen Stock gestützt, streng ansah. Manchmal sprach dieses Traumgesicht zu ihm, aber immer wenn David erwachte, hatte er vergessen, was zu ihm gesprochen wurde.

Manchmal badete Batseba auf ihrer Dachterrasse, wusch in aller Ruhe ihren makellosen Körper und ließ sich dann vom warmen Wind trocknen. Ihr langes schwarzes Haar bewegte sich im Wind, die Sonne spielte auf ihrer feuchten Haut und David stand auf seinem Balkon und schaute.

Als erstes wollte er Uria in der Firma isolieren. Er sollte einen neuen Tätigkeitsbereich bekommen, in dem er viele Geschäftsreisen machen sollte. Um ihn keinen Verdacht schöpfen zu lassen, würde er sogar sein Gehalt etwas anheben.
David ließ Uria in sein Büro kommen, lobte ihn und seine Arbeit, versprach ihm mehr Geld und beschrieb den neuen Tätigkeitsbereich und die damit verbundenen Aufstiegsmöglichkeiten in der Firma. Mit einem unerwarteten Vorschub an Vertrauen wies David

in Urias Dabeisein seine Sekretärin an, sofort eine Gehaltserhöhung anzuweisen.
Uria hatte einen neuen, besseren Arbeitsplatz in der Firma, den er nicht hätte ablehnen können. Schon in den nächsten Tagen packte er seine Koffer und musste auf Reisen gehen.
Batseba war nun oft alleine. Manchmal bekam sie einen großen Rosenstrauß von einem unbekannten Verehrer zugesandt und David beobachtete, wie Batseba die Blumen in eine Vase stellte und pünktlich, bevor Uria wieder nach Hause kam, den Strauß entsorgte.
David war zufrieden mit der Entwicklung. Nur nachts kamen die Traumgesichte immer häufiger und manchmal drohte ihm der alte Mann mit dem Finger, aber David vergaß mit dem Aufwachen jedes Wort.
Als David Uria einmal auf eine sehr lange Auslandsreise schickte, ließ er den Blumenboten Batseba eine Einladung zum Abendessen überbringen. Von seinem Ausguck aus sah er mit Entzücken, wie sie ihre Abendgarderobe anzog und seine Einladung annahm. Sie war nicht nur die schönste Frau der Hauptstadt, sie war auch seit einiger Zeit eine Frau, die viel alleine war. Batseba wusste um ihre Schönheit und sie war zielstrebig. Sie wollte weder ewig die Frau eines Angestellten, noch allein sein.
David und Batseba aßen zusammen zu Abendbrot, aber das taten sie bloß, weil man es eben so macht. Beide wußten um das Ziel dieses Abends, beiden wussten den Grund der Einladung. David wollte mit Batseba schlafen. Wenigstens eine Nacht wollte er sie haben und Batseba schlief mit ihm.
Uria war noch nicht von seiner Dienstreise zurück, als David von Batseba eine Nachricht bekam, dass sie schwanger sei, von ihm.
Das war David gar nicht recht. Nun musste er Uria irgendwie loswerden. Die ganze Nacht wälzte er sich herum, sein Traumgesicht trat an sein Bett und drohte stärker als je zuvor und am nächsten Morgen ging David mit dem Ziel ins Büro, Uria zu ruinieren.

Ein paar gezielte Telefonate machten Urias kurzzeitigen Erfolge der Handlungsreise zunichte, David ließ Verträge platzen, sperrte Urias Firmenkonto und produzierte in einigen Stunden einen Haufen Schulden, für die er Uria nach dessen Rückkehr zur Verantwortung zog.
Uria war fassungslos. Innerhalb eines Tages hatte er alles verloren, was er sich aufgebaut hatte. Er würde seine Wohnung verkaufen müssen, um wenigstens ein paar Schulden begleichen zu können. Er sah sich schon vor dem Arbeitsgericht, er besah sich seine Wohnung und wähnte schon auf jedem Möbelstück einen Kuckuck, den der Gerichtsvollzieher wohl darauf kleben würde.
Uria war verzweifelt. Offen erzählte er seiner geliebten Frau, was auf ihn und unweigerlich auf sie zukommen würde und dass es ihm unsagbar Leid täte.
Batseba blieb unerwartet kühl. Sie erkannte für sich, dass ihr Weg mit Uria zu Ende war. Sie packte ihre Koffer, legte den Haustürschlüssel auf den Wohnzimmertisch und verließ ohne ein Wort des Grußes die gemeinsame Wohnung.

Am nächsten Morgen war David bester Laune. Viele von den scheinbar geplatzten Geschäften hatte er rückgängig machen können. Er hatte seine irritierten Geschäftspartner beruhigt und eine wunderbare Nacht erlebt. Batseba war gekommen und hatte ihre Kleider in seinen Schrank gehängt.
Auch der Anruf, dass sich einer seiner Mitarbeiter am Tag zuvor in seiner Wohnung erhängt hätte, ein gewisser Uria, konnte Davids Wohlgefühl nicht mindern.
Wie sich David aber genüsslich in seinem Bürostuhl zurücklehnte und mit sich und der Welt überaus zufrieden war, ging seine Bürotür auf und am helligten Tag trat der alte Mann aus seinen Träumen an seinen Schreibtisch:

Und der HERR sandte Nathan zu David. Da der zu ihm kam, sprach er zu ihm: Es waren zwei Männer in einer Stadt, einer reich, der andere arm.
Der Reiche hatte sehr viele Schafe und Rinder; aber der Arme hatte nichts denn ein einziges kleines Schäflein, das er gekauft hatte. Und er nährte es, dass es groß ward bei ihm und bei seinen Kindern zugleich: es aß von seinem Bissen und trank von seinem Becher und schlief in seinem Schoß, und er hielt es wie eine Tochter.
Da aber zu dem reichen Mann ein Gast kam, brachte er's nicht über sich von seinen Schafen und Rindern zu nehmen, dass er dem Gast etwas zurichtete, der zu ihm gekommen war, und nahm das Schaf des armen Mannes und richtete es zu dem Mann, der zu ihm gekommen war.
Da ergrimmte David mit großem Zorn wider den Mann und sprach zu Nathan: So wahr der HERR lebt, der Mann ist ein Kind des Todes, der das getan hat!
Dazu soll er vierfältig bezahlen, darum dass er solches getan hat und sein eigenes geschont hat.
Da sprach Nathan zu David: Du bist der Mann! So spricht der HERR, der Gott Israels: Ich habe dich zum König gesalbt über Israel und habe dich errettet aus der Hand Sauls, und habe dir deines Herrn Haus gegeben, dazu seine Weiber in deinen Schoß, und habe dir das Haus Israel und Juda gegeben; und ist das zu wenig, will ich noch dies und das dazutun.
Warum hast du denn das Wort des HERRN verachtet, dass du solches Übel vor seinen Augen tatest? Uria, den Hethiter, hast du erschlagen mit dem Schwert; sein Weib hast du dir zum Weib genommen; ihn aber hast du erwürgt mit dem Schwert der Kinder Ammon.
Nun so soll von deinem Hause das Schwert nicht lassen ewiglich, darum dass du mich verachtet hast und das Weib Urias, des Hethiters, genommen hast, dass sie dein Weib sei.

[...]
Da sprach David zu Nathan: Ich habe gesündigt wider den HERRN. Nathan sprach zu David: So hat auch der HERR deine Sünde weggenommen; du wirst nicht sterben. Aber weil du die Feinde des HERRN durch diese Geschichte zum Lästern gebracht hast, wird der Sohn, der dir geboren ist, des Todes sterben.
Und Nathan ging heim.
Amen

Zeichen an Sonne, Mond und Sternen

(Lk 21, 25-33)

Der Himmel war noch nie so grau. Die Tage waren noch nie so trüb und die Unsicherheit noch nie so groß.

Wenn der Herr im Haus gegenüber beim Frühstück sein Radio einschaltet, um die Nachrichten im Deutschlandfunk zu hören, dann bestätigt sich das Gefühl, dass es noch nie so grau war. Ob die Renten sicher sind, weiß niemand, dass die Rentenabgaben steigen werden, ist gewiß und schon heute ist klar, dass die jungen Menschen den Generationenvertrag doppelt bezahlen müssen. Eine Stimme im Radio sagt: „Warum nicht alle Menschen ab dreißig im Augenblick schreiend und demonstrierend durch die Straßen ziehen, weiß ich nicht.“ Vielleicht weil auch sie sich so grau fühlen.

Wenn die Frau im Nachbarhaus ihre Zeitung aufschlägt, liest sie von Kriegen, die bevorstehen, von Kriegen, die seit Jahren schwelen oder am Tag zuvor ausgebrochen sind. Dabei war sie jahrelang in der Friedensbewegung. War auf die Straße gegangen und hatte gegen den Natodoppelbeschluss demonstriert und sich auf die Straße gesetzt, als Pershing II Raketen in Kellinghusen stationiert werden sollten. Und nun? Nun ist alles grau, die Tage sind getrübt und die Unsicherheit ist groß.

Was wird morgen sein? Können wir unsere Familien noch ernähren? Was zahlen die Krankenkassen in Zukunft? Welche Auswirkung hat ein Börsenkrach auf mein Portemonnaie? Grau, dunkel grau und kein Licht ist zu sehen.

Wenn die Frau aus dem Nachbarhaus zum Einkaufen geht, bekommt sie für ihr Geld weniger als im Jahr zuvor, was in den Lebensmitteln drin ist, weiß sie nicht. Und obwohl sie sich entschieden hat, niemals genmanipuliertes Gemüse zu kaufen, weiß sie nicht, ob nicht doch veränderte Nahrungsmittel in ihren Einkaufskorb wandern.

Der Mann aus dem Haus gegenüber muss viel Geld für seine Medikamente, die er täglich braucht, aus eigener Tasche bezahlen, deshalb kann er sich nicht viel leisten.
Auf der Straße treffen die beiden Menschen sich, der Mann und die Frau aus der Nachbarschaft und sie klagen sich ihr Leid. Der Himmel war noch nie so grau. Die Tage noch nie so trübe. Und die Angst vor der Zukunft war noch nie so groß.
„Man soll ja nicht klagen!“, sagt die Frau nach ein paar Wortwechseln und hebt ihren Einkaufskorb hoch.
„Warum nicht?“, fragt der Mann irritiert. „Wer klagt, hat noch nicht aufgegeben. Wer klagt, hat noch nicht resigniert. Wer klagt, hat Hoffnung.“
„Hoffnung?“, wiederholt die Frau nachdenklich. „Hoffnung, worauf?“
„Bald ist Weihnachten.“, antworte er. „Sehen sie, wie die Menschen ihre Häuser schmücken. Die ersten Tannen haben Lichterketten, und die Kinder können es kaum aushalten, dass Heilig Abend wird. Meine Enkel sind gespannt wie Gummibälle.“
„Ich habe keine Kinder.“, sagt die Frau und blickt traurig in den grauen Tag.
„Das Kind, in dem Gott Mensch wurde, ist auch ihr Kind. Es wurde auch für sie geboren.“
Lange sieht sie ihren Nachbarn an und denkt nach.
„Ja, bald ist Weihnachten. Mir wäre es aber nicht Unrecht, wenn die Ungerechtigkeiten in der Welt beseitigt würden. Wenn weniger Angst, dafür mehr Liebe unter den Menschen herrschte. Dafür war er doch gekommen. Er war doch gekommen, um die Herrschenden vom Thron zu stoßen. Ist Weihnachten nicht auch das Fest der sozialen Gerechtigkeit? Kommt der Christus nicht bald wieder und verschafft den Armen Recht. Wo bleibt er der Friedensfürst, wo bleibt er?“

Der Nachbar greift in seine Tasche und zieht ein kleines Neues Testament heraus, dass er immer in der Tasche hat, um im Bus darin zu lesen. Dann liest er seiner Nachbarin vor.
Und es werden Zeichen geschehen an Sonne und Mond und Sternen; und auf Erden wird den Leuten bange sein, und sie werden zagen, und das Meer und die Wassermengen werden brausen, und Menschen werden verschmachten vor Furcht und vor Warten der Dinge, die kommen sollen auf Erden; denn auch der Himmel Kräfte werden sich bewegen.
Und alsdann werden sie sehen des Menschen Sohn kommen in der Wolke mit großer Kraft und Herrlichkeit.
Wenn aber dieses anfängt zu geschehen, so sehet auf und erhebet eure Häupter, darum dass sich eure Erlösung naht .Und er sagte ihnen ein Gleichnis: Sehet an den Feigenbaum und alle Bäume: wenn sie jetzt ausschlagen, so sehet ihr's an ihnen und merket, dass jetzt der Sommer nahe ist.
Also auch ihr: wenn ihr dies alles sehet angehen, so wisset, dass das Reich Gottes nahe ist.
Wahrlich ich sage euch: Dies Geschlecht wird nicht vergehen, bis dass es alles geschehe.
Himmel und Erde werden vergehen; aber meine Worte vergehen nicht.

Dann schlägt er die kleine Bibel zu und sieht sie erwartungsvoll an.
„Heißt das“, beginnt sie, „wir sollen abwarten und alles hinnehmen, was passiert, bis der Retter aus seiner himmlischen Heimstadt zu uns kommt?“
„Nein!“, widerspricht der Nachbar. „Sehen sie nicht die Zeichen. Das ewige grau, die trüben Tage und die große Unsicherheit? Ich glaube, der Tag des Herren ist nah. Nicht nur weil Weihnachten wird.“
Nun runzelt sie doch die Stirn, war denn der Himmel grauer als sonst. Waren die Tage trüber und gab es nicht Zeiten, in denen die

Ängste größer und berechtigter waren. Wovor haben denn die Menschen in der Gesellschaft Angst? Doch nicht vor einem Börsenkrach, sondern davor, dass sie nicht so leben können, wie sie es als lebenswert erachten. Lebenswert ist ein Leben in Freiheit, in Gemeinschaft, ein Gespräch auf der Straße. Ein lebenswertes Leben ist erfüllt von dem Glauben, der in der dunkelsten Nacht ein Licht sieht. Ein Licht, auf das wir in der Weihnachtszeit warten. Ein Licht, dass das Grau unserer Welt vertreibt.
Der Frau huscht ein Lächeln übers Gesicht. Sie klopft ihrem Nachbar auf die Schulter.
„Nur wer klagt, hat Hoffnung!“ wiederholte sie seine Worte. „Ein schöner Satz. Klagen sie ruhig, ich werde wohl ein Apfelbäumchen pflanzen.“ Dann geht sie weg.
„Ein Apfelbäumchen pflanzen? Mitten im Winter?“, ruft er ihr nach und geht dann auch kopfschüttelnd nach Hause.
Und wenn ich wüsste, dass Morgen die Welt untergeht, so würde ich heute noch ein Apfelbäumchen pflanzen.
Amen

Der Puls des Lebens

(Lk 19, 41-48)

Es war ein warmer Sommermorgen, er saß in seiner Wohnung und trank seinen Kaffee. Er hatte schon gefrühstückt, bloß den Kaffee hatte er noch nicht ausgetrunken. Er schlug die Bibel auf, wie er morgens eben die Bibel aufschlägt, so wie andere Zeitung lesen und er las.

Und als Jesus näher kam und die Stadt sah, weinte er über sie und sprach: Wenn doch auch du erkannt hättest an diesem deinem Tage, was zu deinem Frieden dient!
Nun aber ist es vor deinen Augen verborgen, dass Tage über dich kommen werden, da deine Feinde einen Wall gegen dich aufwerfen, dich ringsum einschließen und von allen Seiten ängstigen und dich dem Erdboden gleich machen werden, auch deine Kinder in dir, und in dir keinen Stein auf dem andern lassen werden, darum, weil du die Zeit deiner Heimsuchung nicht erkannt hast!
Und er ging in den Tempel hinein und fing an, die Verkäufer und Käufer auszutreiben, und sprach zu ihnen: Es steht geschrieben: «Mein Haus ist ein Bethaus.» Ihr aber habt eine Räuberhöhle daraus gemacht!
Und er lehrte täglich im Tempel; die Hohenpriester aber und die Schriftgelehrten und die Vornehmsten des Volkes suchten ihn umzubringen. Und sie fanden nicht, was sie tun sollten; denn das ganze Volk hing an ihm und hörte auf ihn.

Dann klatschte er in die Hände, stellte seine Kaffeetasse in die Spüle und ging zum Einkaufen. Er hatte Zeit, das Wetter war gut, und wie es die Stadtplaner heute so anlegen, lag auch in seiner kleinen Stadt das Einkaufszentrum außerhalb, eben am Stadtrand. Früher gab es viele Geschäfte in der Stadt, kleine meistens, Bäcker und Schlachter, Modegeschäfte und einen Laden mit Fernsehern,

Kurzwaren und Eisenwaren, was eine kleine Stadt halt so braucht. Man konnte richtig bummeln.
Aber die Straßen sterben aus oder sind schon ausgestorben, die früheren Läden stehen leer und die Einkaufszentren am Stadtrand sind gut besucht.
„Kein Puls mehr!", dachte er als er mit seiner Einkaufstasche die Straße entlang ging. „In der Stadt schlägt kein Puls mehr, kurz vor dem Tod ist unser Ort", dachte er.
Irgendwie ist es zum Weinen.
Sein Weg führte ihn an der kleinen Kirche vorbei, wie immer schaute er kurz hinein, wenn er an der Kirche vorbei ging, genauso wie er morgens die Bibel las, während er Kaffee trank und wie immer war sie leer.
„Kein Puls!", sagte er nun laut. „Wie kurz vor dem Tod!"
Irgendwie ist es zum Weinen!
So zog er seinen Weg weiter, noch ein paar Augenblicke, da öffnete sich nach einer Kurve ein großer Parkplatz vor ihm. Ein Parkplatz und Autos und Geschäfte und Menschen, sehr viele Menschen, hier konnte man alles kaufen.
„Hier ist Puls!", dacht er. Hier ist Leben.
Wie so oft schlenderte er durch die Gänge, sah in die Schaufenster, holte sich ein Brötchen, das er trocken kaute, und in diesem und jenen Geschäft füllte er seine Einkaufstasche. Es war warm und es war Sommer. Die jungen Mädchen und Frauen trugen kurze Röcke und Hosen, die Hemden hatten Spagettiträger und waren ärmellos, teilweise war die Kleidung sogar fast gänzlich textillos, Kleidung ohne Stoff, und er fühlte Leben. „Hier ist Puls!", dachte er. Hier ist Leben.
In einem Elektro- und Fernsehgeschäft mit sehr großen Schaufenstern standen Fernseher mit sehr großen Bildröhren. Alle Fernseher liefen, alle zeigten ihre scharfen Bilder.
Er blieb stehen und sah sich Fernseher an, während er in sein trockenes Brötchen biss. Fernseher für viel Geld, die er sich nie leis-

ten könnte, es sei denn auf Ratenzahlung, wie es doch so viele taten.

Auf einem besonders großen und teuren Gerät wurden Bilder einer Stadt gezeigte. Es war eine schöne und große Stadt, aber er hörte keinen Ton, da der Fernseher ja im Laden stand. Er hörte die Stimmen des Alltags, lachende Kinder, gestresste Mütter, das ewige Piepen der Kassen aus dem Supermarkt und er sah eine große und schöne Stadt. Plötzlich kamen Flugzeuge, man sah Bombenfeuer und die nächsten Bilder zeigten dieselbe Stadt in Trümmern. Kabul. Eine neue Stadt, schön und groß, dann Trümmer, Teheran, Nagasaki, Moskau, Dresden, Lübeck, Ypern, das World Trade Center in New York. Kein Puls mehr.

Seine Einkaufstaschen waren voll und ein anderer Fernseher zeigte hungernde Kinder in Afrika, in Südamerika, in Nordkorea, in Osteuropa, ... kein Puls mehr.

Er drehte sich um im Einkaufzentrum und war traurig.

Vor der Tür saß ein Bettler, dem drückte er etwas in die Hand und dann eilte er zur kleinen Kirche, in die er immer hinein sah, wenn er vorbei kam, die immer leer war.

Er ging rein und setzte sich und sah zum Kreuz. Er war allein, was sollte er sagen, was konnte er sagen?

Wie wunderbar befreiend wäre es jetzt gewesen, Händler aus der Kirche zu treiben, die sie als Bethaus entweihten, wie wunderbar wäre es gewesen jetzt etwas tun zu können. Es saß und sah und wusste nicht was er tun sollte.

Kein Puls!

Er griff sich ein Gesangbuch und schlug es auf, blätterte herum bis er ein Lied fand, das er kannte und fing an zu singen. Erst leise, dann etwas kräftiger, denn er bekam langsam Mut, alleine in die Stille zu singen.

Als sein Lied zu Ende war, hörte er Schritte hinter sich und eine alte Frau setzte sich zu ihm in die Bank.

„Das war sehr schön. Ich traue mich nie alleine hier zu singen,“ sagte sie.
„Sind sie denn oft hier?“ fragte er.
„Ja, ja. Jeden Tag.“
„Aber“, sagte er, „die meisten gehen ins Einkaufszentrum, das ist doch der neue Tempel, da laufen alle hin, hier ist es meistens leer.“
„War das denn mal anders?“, fragte die alte Frau und sah ihn an.
Er zuckte mit den Schultern. Vielleicht war es nie anders. Vielleicht wurden die Supermärkte in Jerusalem eröffnet, nachdem Jesus die Händler aus dem Tempel gescheucht hatte. Irgendwo mussten sie ja ihre Waren verkaufen und da entstand der Supermarkt. Naja, er wusste nicht so recht, ob er seiner spontanen Idee glauben sollte.
„Die Welt ist so traurig“, sagte er auf einmal und schaute nach unten.
„Die Welt ist so ungerecht, es gibt so viel Elend und Leiden. Manchmal ist das nicht zu ertragen.“
„Ja. Ich weiß!“, sagte die alte Frau. „Aber deshalb sind wir ja hier.“
„Weshalb sind wir hier?“, fragte er verdutzt.
„Na, wir beide sind hier in der Kirche, weil wir die Welt, wie sie ist, nicht ertragen können. Weil wir uns eine bessere Welt wünschen. Eine gerechte.“
„Deswegen sind sie hier?“, fragte er die alte Frau.
„Natürlich. Sind sie deswegen nicht auch hier?“
Er zuckte mit den Schultern. Weswegen war er denn in die Kirche gegangen, weswegen las er denn in der Bibel? Er wusste es nicht. Einfach so, weil es ihm gut tat. Fühlte er sich denn nicht wohl in der Welt? - Heute auf jeden Fall nicht. Hm.
„Sehen sie!“, sagte sie zu ihm. „Sehen sie, sie sind auch deswegen hier, weil wir die Welt, wie sie ist, nicht so akzeptieren wollen. Weil wir uns eine bessere Welt wünschen. Und so sind wir heute Morgen zu dritt.“

Zu dritt? Er drehte den Kopf, hob ihn zur Empore, konnte aber niemanden sehen. Nur die alte Frau neben ihm. Diese zeigte nun aber mit dem Finger nach vorne, zum Altar, zum Kreuz, zu Jesus Christus.
„Er ist auch deswegen hier, weil er sich eine bessere Welt wünscht. Deswegen weint er um seine Stadt und um seine Menschen. Deswegen leidet er, weil die Welt so ist wie sie ist. Und so sind wir heute Morgen zu dritt, ist das nicht wunderbar? Deswegen ist er täglich im Tempel oder wenn sie so wollen in der Kirche. Tag und Nacht. Er ist immer hier."
„Und sie meinen, alle Menschen die in die Kirche kommen, wünschen sich eine bessere Welt?", fragte er unsicher.
Sie nickte gedankenverloren. „Vielleicht wissen es nicht alle, vielleicht würden es nicht alle so ausdrücken, aber davon bin ich fest überzeugt, dass man hier rein geht, weil das Leben draußen manchmal nicht zu ertragen ist. Und deswegen leidet Jesus am Kreuz immer und überall mit uns, weil wir nicht immer leiden können, obwohl wir allen Grund dazu hätten. Er leidet für uns, er klagt für uns, denn wenn er nicht wäre und für uns leiden würde, dann könnten wir das Schöne auf der Welt nicht genießen, das es ja auch gibt. Dann würden wir nur noch weinen."
Mit diesen Worten stand die alte Frau auf und ging aus der Kirche.
Als es still geworden war, sagte er: „Mein Haus soll ein Bethaus sein." Dann falte er die Hände, sprach zu Jesus Christus und fühlte sich zu Hause.
Amen

Wann wird Weihnachten?
(Titus 2, 11-14)

Denn die heilbringende Gnade Gottes ist erschienen allen Menschen und unterweist uns, damit wir die Gottlosigkeit und die weltlichen Begierden verleugnen und besonnen und gerecht und gottesfürchtig leben in der gegenwärtigen Zeit, indem wir die glückselige Hoffnung und Erscheinung der Herrlichkeit unseres großen Gottes und Heilandes Jesus Christus erwarten.
Der hat sich selbst für uns gegeben, damit er uns loskaufte von aller Gesetzlosigkeit und sich selbst sein Volk reinigte, das eifrig sei in guten Werken.

Er ist ein Kind dieser Zeit, ein ganz normaler Typ. Geboren in den sechziger oder siebziger Jahren, sein politisches Bewusstsein war durch die Studentenrevolte der 68er geprägt, auch wenn er selbst zu jung war. So lange er zurückdenken kann, hieß der Bundeskanzler Helmut mit Vornamen. Er war friedensbewegt, schrieb auf Umweltschutzpapier, das es zuerst nur in den Dritte-Weltläden der Kirchengemeinden gab, trank fair gehandelten Kaffee, demonstrierte gegen Massenvernichtungswaffen und das Waldsterben, gegen Atomraketen, den Natodoppelbeschluss, den ersten Irakkrieg, gegen die Kürzungen an den Universitäten, gegen den Einsatz der Bundeswehr im Kosovo, gegen die Abschaffung des Asylrechts, er feierte wie alle den Fall der Berliner Mauer, er demonstrierte wieder gegen den Irakkrieg, diesmal den zweiten. Gerecht und gottesfürchtig leben in seiner Zeit, das bedeutete für ihn, aufzupassen auf die Schöpfung Gottes, aufzupassen auf die Herrschenden und mitzuarbeiten am Reich Gottes, so gut es ging.
Umweltschutzpapier wurde von der Wirtschaft als Marktsegment entdeckt, fair gehandelter Kaffee nicht, der Irakkrieg fand statt, der erste wie der zweite, Atomraketen werden gebaut, das Waldsterben geht weiter, nur der Vorname des Bundeskanzlers hat sich wirklich

geändert. Der junge Mensch schaut zurück und ist resigniert, denn seine Bemühungen, ein gottesfürchtiges Leben zu führen, sind von der Übermacht der Lobbyisten und Wirtschaftsinteressen einfach torpediert worden.
„Denn die heilbringende Gnade Gottes ist erschienen allen Menschen und unterweist uns, damit wir die Gottlosigkeit und die weltlichen Begierden verleugnen und besonnen und gerecht und gottesfürchtig leben in der gegenwärtigen Zeit, indem wir die glückselige Hoffnung und Erscheinung der Herrlichkeit unseres großen Gottes und Heilandes Jesus Christus erwarten.“
Diesen Satz schrieb er sich auf eine Karte und wanderte durch seine Stadt, einfach so. Es war Dezember und alle Menschen bereiteten sich auf die Herrlichkeit des Erscheinens Gottes vor, um die Gottlosigkeit und die weltlichen Begierden zu bekämpfen, so wie es im Titusbrief heißt.
Vor einem Haus blieb der junge Mensch stehen, an der Fassade hing ein langes Seil vom Schornstein hinunter, an dem eine lebensgroße Puppe mit rotem Mantel und roter Mütze empor kletterte. Er klingelte an der Tür.
Eine Frau öffnete, die ein Kind an der Hand hielt.
„Guten Tag?“
„Guten Tag“, wünschte auch der junge Mensch. „An ihrem Haus klettert eine Gestalt in roten Kleidern hoch, warum?“, fragte er.
Die Frau grinste. „Den haben wir dahin gehängt. Das ist der Weihnachtsmann.“
„Der Weihnachtsmann“, sagte auch das kleine Mädchen und strahlte über das ganze Gesicht.
„Aber warum hängt der da. Dass es ein Weihnachtsmann ist, habe ich schon erkannt.“
„Naja“, sagte sie. „Damit bereiten wir uns auf Weihnachten vor, denn der Weihnachtsmann kommt doch am Heiligen Abend für die Kinder. Und bringt Geschenke.“

Der junge Mann musste lachen, er musste laut lachen. „Das kann doch nicht ihr Ernst sein. Heilig Abend ist die heilsbringende Gnade Gottes in Jesus Christus erschienen. Für alle Menschen auf der Erde. Gott wurde Mensch“, rief er. „Gott wurde Mensch und nicht Weihnachtsmann.“
Erschrocken riss die Frau die Augen auf, hob schnell ihr Kind auf den Arm und schlug die Tür zu. Dann legte sie die Kette vor die Haustür, und ließ alle Rolläden vor den Fenstern herunter. Das musste ein Verrückter sein oder mindestens jemand aus einer gefährlichen Sekte.
„Wollen sie den Kindern dieser Welt das Fest verderben? Warum machen sie so was?“ Ein Nachbar lehnte über dem Zaun, der zufällig das kurze Gespräch verfolgt hatte.
„Nein, natürlich nicht.“, sagte der junge Mensch etwas verlegen.
„Die Kinder freuen sich doch auf den Weihnachtsmann und auf die Geschenke. Glauben sie denn, sie wären Sokrates, der durch die Städte und Dörfer geht, um die Menschen zu prüfen?“, fragte der Nachbar.
Der junge Mensch dachte nach, nein. Er wollte niemanden prüfen, aber er wollte eine Antwort oder mehrere Antworten über dieses Fest, über die Ankunft Gottes auf der Erde. Seine Verlegenheit verlor sich wieder und er schaute den Nachbar gerade aus an. Dann sagte er: „Was ist mit den Erwachsenen? Wieso feiern die denn noch Weihnachten, wenn es ein Fest für Kinder ist. Wieso standen keine Kinder an der Krippe, sondern Könige und hart arbeitende Hirten. Sie beschenkten das Kind, aber sie machten es nicht zu einem abhängigen Konsumenten. Jesus fragte nicht, von welcher Marke ist dieser Weihrauch? Oder: ist das auch die gute aktuelle Myrre aus der Werbung? Sonst kannst du sie behalten, du komischer König. Im Gegenteil, die Magier aus dem Morgenland brachten doch keine Geschenke, mit denen ein Kind auch nur das Geringste anfangen konnte. Die Geschenke waren eine Ehrerbietung. Sie legten ihm doch den Weihrauch nicht vor die Füße und gingen

wieder nach Osten. Ich denke, sie verbrannten das Harz und räucherten den Stall aus. So wie man es im Tempel tat. Sie machten aus dem armen Stall einen heiligen Raum. Mit der Myrre salbten sie Jesus, so wie man einen König salbt. Sie beschenkten das Kind, indem sie es ehrten. Weil sie spürten, weil sie wussten, durch dieses Kind hat Gott die Erde berührt und nun ist es eine neue Erde."

Nun schwieg der Nachbar eine Zeitlang und kniff seine Augenbrauen zusammen. Dann sagte er: „Sie wollen doch gar keine Antworten, sie haben doch bereits eine feste Meinung."

„Ich möchte wissen, wo das Weihnachten ist, das ich suche. Ob es das Weihnachten gibt, wo ein Kind in der Krippe liegt. Wo Gott Mensch wird, wo die Armen bei einander stehen und beten, und die Reichen mal nicht im Mittelpunkt sind."

„Und wieso suchen sie dieses Weihnachten dann in einem Haus, an dem ein Weihnachtsmann hängt?"

Eine alte Frau war mit ihren Einkaufstaschen stehen geblieben, mit denen sie sich abmühte. Sie stand unweit von den Zweien, dem Nachbarn und dem jungen Menschen.

„Sehr gute Frage!", sagte der Nachbar triumphierend, und zeigte mit dem Finger auf den jungen Menschen.

„Ach sie," sagte sie scharf. „Sie wollen doch auch bloß ihre Meinung behalten und sich von den Fragen dieses jungen Menschen nicht verwirren lassen. Warum feiern sie denn Weihnachten. Weil sie an den Weihnachtsmann glauben?"

„Ach!", sagte jener. „Ich hab zu tun!", dreht sich um und verschwand in seinem Garten.

„Und wo soll ich suchen. Wo finde ich denn Weihnachten," fragte er die alte Frau.

„Weihnachten finden wir in uns selbst. In unseren Herzen. Die wahre Weihnacht kann man nicht ausdrücken, man kann sie nicht darstellen. Die wahren Geschenke kann man nicht festhalten. Der Weihrauch hat nur Sinn wenn er verbrennt und den Stall zum Tempel macht. Der Zweck der Myrre erfüllt sich, wenn sie zur

Salbung des Herrn benutzt wird. Gottes Geschenk an uns ist Jesus Christus und auch der kann nicht bleiben, er verbrennt wie der Weihrauch und hat aus unserer Welt, unserem Stall einen Tempel gemacht. Daher können wir immer und überall zu ihm beten. Das ist Weihnachten. Und das finden sie in ihrem Herzen."

Der junge Mensch schaute auf seinen Zettel und las laut vor.

„Denn die heilbringende Gnade Gottes ist erschienen allen Menschen und unterweist uns, damit wir die Gottlosigkeit und die weltlichen Begierden verleugnen und besonnen und gerecht und gottesfürchtig leben in der gegenwärtigen Zeit, indem wir die glückselige Hoffnung und Erscheinung der Herrlichkeit unseres großen Gottes und Heilandes Jesus Christus erwarten."

„Sie meinen", fuhr er fort, „dass Weihnachten in uns passiert."

„Nicht nur", sagte sie schnell. „Denn der Text geht noch weiter. Der letzte Satz heißt: *„Der hat sich selbst für uns gegeben, damit er uns loskaufte von aller Gesetzlosigkeit und sich selbst sein Volk reinigte, das eifrig sei in guten Werken."* Also nicht nur beten, auch arbeiten."

„Wo wohnen sie", fragte er nach kurzem Zögern.

Sie zeigte die Straße hinunter. „Ein ganzes Stück dort hinten, am Ende der langen Kurve."

„Dann möchte ich ihnen die Taschen nach Hause tragen." Er griff zu und schweigend ging der junge Mensch neben der alten Frau her bis zu ihrer Wohnung.

„Sehen sie", sagte sie. „Das ist Weihnachten. Wenn die Welt neu wird. Wenn sie nicht mehr so ist wie vorher. Wenn wir sie besser machen. Eine bessere Welt, das ist unser Geschenk an das Kind in der Krippe, an den Mann, der am Kreuz gestorben ist und von den Toten auferstanden. Eine neue Welt."

„Aber", sagte der junge Mensch nun. „Das habe ich doch die ganze Zeit gesagt."

Sie nickte. „Ja, das haben sie. Aber verstanden hatten sie es nicht!". Amen

Gott schläft im Stein

(Heb 4, 14-16)

Als er noch ein kleiner Junge war, da ging er mit seiner Großmutter oft in den Wald. Er liebte den Wald und sie liebte den Wald, den Geruch, das Singen der Vögel und manchmal ein Reh oder einen Fuchs zu sehen war aufregend.

Seine kleine Kinderhand legte sich in die der alten Frau und sie gingen spazieren auf dem Waldboden, einfach so.

Einmal fragte er sie: „Oma, wohnt Gott hier im Wald?"

„Überall wohnt Gott", war ihre Antwort.

„Das glaube ich nicht", sagte er lachend und hob einen Stein auf. „Hier kann Gott nicht drin wohnen, da ist kein Platz drin."

Die alte Frau lächelte, sagte aber ernst. „Mit Steinen ist das was ganz Besonderes. In den Steinen schläft Gott nämlich. Deswegen liegen die Steine auch nur herum. Wenn du einen hochhebst, fliegt er nicht weg wie die Vögel, sondern fällt müde herunter. Auch Gott braucht einen Ort, wo er sich ausruhen kann, das tut er im Stein."

Der kleine Junge machte große Augen und legte den Stein vorsichtig auf den Waldboden zurück, um Gott nicht zu wecken. „Und wann wacht er auf?", flüsterte er zu seiner Großmutter hoch. „Wann wacht er denn auf?"

„Er ist wach. Gott schläft und ist gleichzeitig wach. Das was wir nur nach einander können, das kann Gott gleichzeitig. Wenn du ganz still bist, kannst hören wie er atmet. In den Pflanzen nämlich ist Gott wach. Er atmet im Baum und in den Blumen, alles was lebt ist erfüllt vom Atem Gottes."

Die beiden standen ganz still im Wald und horchten. Man spürte den Wind, das Rascheln der Blätter und ab und an knackte ein Zweig. Fragend sah er seine Großmutter an. Doch sie hielt bloß den Finger auf die Lippen und hielt achtsam das Ohr in die Welt.

„Kannst du seinen Atem hören?"

„Ich weiß nicht so richtig.“, antwortete er. Er wusste es wirklich nicht.
„Vielleicht kann ich es nicht so richtig hören, weil meine Ohren noch so klein sind.“
„Nein“, sagte sie lächelnd. „Das hat nichts mit deinen Ohren zu tun. Gottes Atem hörst du in deinem Herzen. Du musst mit dem Herzen hören. Auge und Ohr können sich täuschen, du hörst ein Brausen, ein Rascheln, ein Auto oder einen Vogel, ob du aber Gottes Atem hörst, das kann dir nur dein Herz sagen.“
„Atmet Gott auch in den Tieren?“
„Ja, in allem was lebt atmet Gott. Er atmet durch alles Lebendige hindurch. Sein Atem ist die Lebenskraft. Sein Schlaf ist die Seinskraft. Alles, was auf der Welt ist, ist von Gott durchdrungen. In den leblosen Gegenständen schläft er, in den lebendigen Wesen atmet er.“
Plötzlich blieb der kleine Junge stehen. „Dann atmet Gott auch in mir. Denn ich bin auch ein lebendiges Wesen.“
„Ganz genau. Dein Atem und Gottes Atem sind ein und dasselbe. Du lebst, weil er will, dass du lebst, darum atmet Gott in dir.“
Er hielt sich die Hand vor den Mund und hauchte sie an. Sein Atem, Gottes Atem, ein und dasselbe.
„Und was unterscheidet den Menschen vom Tier, Oma?“
„Im Menschen denkt Gott, mein Junge. Dass wir denken können, ist Gottes Geschenk an uns. Er sagt uns aber nicht, was wir denken sollen. Ob wir richtig oder falsch denken, das wissen wir im Herzen, wenn wir auf den Atem Gottes hören. Wir haben die Freiheit, auch Böses oder Schlechtes zu tun. Und das tun Menschen häufig; meistens, wenn sie nicht auf ihr Herz hören.“
„Ich will immer auf mein Herz hören Oma.“
„Tu das mein Junge“, sagte die alte Frau, und war sehr skeptisch, als sie das sagte.

Ein anderes Mal sprachen die beiden über Jesus Christus. Es war vermutlich in der Passionszeit, die Zeit in der wir uns auf das große Wunder vorbereiten, das Ostern geschehen ist.

Die Großmutter und ihr Enkel gingen an einer Kirche vorbei. Der Kleine fragte:

„Warum ist Jesus auf die Erde gekommen, wenn wir doch bloß auf unser Herz hören müssen Oma?"

„Auf das eigene Herz zu hören, ist gar nicht so leicht. Weißt du noch, es war gar nicht einfach im Wald den Atem Gottes zu hören. Zu lauschen, wie er in allem atmet was lebt. Das ist nicht einfach. Das geht allen Menschen so. Um selbst Mensch zu sein, um uns Menschen zu zeigen wie man besser leben kann, kam Gott in Jesus Christus auf die Erde. Er kam, um uns beizubringen, mit dem Herzen zu hören und zu sehen. Jesus Christus kennt alles, den Himmel und die Erde mit allen Schwierigkeiten. Und ein großes Problem ist, dass wir Menschen leiden, dass wir Schmerzen haben können, dass wir krank werden, dass wir sterben. Steine, in denen Gott schläft, können nicht sterben, weil sie nicht atmen.

Jesus kam als Lehrer, der uns von Gott erzählte und uns beigebracht hat, wie wir Gott in der Welt erkennen können, wie wir richtig beten, und er erzählte uns, dass Gott unsere Sünden kennt, aber gar nicht so schlimm findet."

„Dann ist es nicht schlimm, ein böser Mensch zu sein?"

„Doch, es ist schlimm ein böser Mensch zu sein. Es ist schlimm für den bösen Menschen selbst, weil er nicht glücklich sein kann und schlimm, weil er anderen Menschen schadet. Böse Menschen hören nicht auf den Atem Gottes, sie wissen nicht, dass er im Stein schläft, sie haben ihr Herz verschlossen. Und das kann viele Gründe haben. Jesus kam gerade für diese Menschen, die nichts von Gott wussten oder wissen wollten. Er sagte uns, dass Gott uns liebt, dass Gott das Böse nicht will, dass er das Böse nicht ertragen kann und uns Menschen trotzdem liebt. Und dann sagte Jesus zu den Menschen: Wenn sie das erkannt haben, wenn sie Gottes Liebe

spüren, wenn sie seinen Atem hören können, dann sollen sie Gott danken, denn Gott ist ihnen gnädig. Jesus selbst hat viel Böses hier von den Menschen erfahren. Sie wollten nicht hören was er sagt und dann haben sie ihn getötet."
Der kleine Junge guckte erschrocken und hielt sich die Hand vor den Mund, aber seine Oma sprach weiter.
„Aber Gottes Atem in Jesus war stärker als der Tod, Gottes Atem kann nicht sterben. Und nach drei Tagen erstand Jesus Christus von den Toten und war wieder lebendig. Und allen Menschen die an Gott glauben, allen Menschen, die seinen Atem hören, wird es genauso gehen. Denn Gottes Atem und unser Atem sind ein und derselbe."
„Puhhh", machte nun der kleine Junge. „Das ist schön."
„Nicht wahr. Wollen wir in diese Kirche gehen und Gott für diese große Güte danken?"
„Kann man denn Gottes Atem auch in der Kirche hören?"
Die alte Frau schaute auf das Gebäude aus Stein und dachte an die vielen Stunden, die sie schon darin gewesen war und gebetet hatte. Dann nickte sie. „Ich glaube, man kann ihn dort besonders gut hören."
Amen

Ich war im Stall

(Lk 2, 1-14)

Es begab sich aber zu der Zeit, dass ein Gebot von dem Kaiser Augustus ausging, dass alle Welt geschätzt würde.
Und diese Schätzung war die allererste und geschah zur Zeit, da Quirinius Statthalter in Syrien war. Und jedermann ging, dass er sich schätzen ließe, ein jeder in seine Stadt.
Da machte sich auf auch Josef aus Galiläa, aus der Stadt Nazareth, in das jüdische Land zur Stadt Davids, die da heißt Bethlehem, weil er aus dem Hause und Geschlechte Davids war, damit er sich schätzen ließe mit Maria, seinem vertrauten Weibe; die war schwanger. Und als sie dort waren, kam die Zeit, dass sie gebären sollte. Und sie gebar ihren ersten Sohn und wickelte ihn in Windeln und legte ihn in eine Krippe; denn sie hatten sonst keinen Raum in der Herberge. Und es waren Hirten in derselben Gegend auf dem Felde bei den Hürden, die hüteten des Nachts ihre Herde. Und der Engel des Herrn trat zu ihnen, und die Klarheit des Herrn leuchtete um sie; und sie fürchteten sich sehr. Und der Engel sprach zu ihnen: Fürchtet euch nicht! Siehe, ich verkündige euch große Freude, die allem Volk widerfahren wird; denn euch ist heute der Heiland geboren, welcher ist Christus, der Herr, in der Stadt Davids. Und das habt zum Zeichen: ihr werdet finden das Kind in Windeln gewickelt und in einer Krippe liegen. Und alsbald war da bei dem Engel die Menge der himmlischen Heerscharen, die lobten Gott und sprachen: Ehre sei Gott in der Höhe und Friede auf Erden bei den Menschen seines Wohlgefallens.

Alle sagen, ich sei ein dummer Esel. Nur weil ich ein Esel bin, muss ich ja wohl nicht dumm sein, oder? Ich muss mir ganz schön was anhören, so als Esel, habe ich es mir ausgesucht ein Esel zu sein? Nein, ich habe es mir nicht ausgesucht. Gott hat mich als Esel geschaffen, Euch alle als Menschen, den einen als Mann, die andere als Frau, der eine kann Schlagzeug spielen, die andere kann singen, einer kann schön malen, der kann schnell laufen, einer kann rülpsen, der andere pupsen. Ich bin halt ein Esel und kann die Sachen, die ein Esel eben kann. Ich kann Heu fressen, das könnt ihr nicht. Ich habe vier Beine und kann schnell laufen und schwer tragen und ich habe einen Dickkopf, manchmal nützt der mir etwas, manchmal ist er mir im Wege. Aber das ist bei euch ja auch so, denn der eine oder andere von euch wird auch einen Dickkopf haben. Oder?

Aber wir haben als Menschen und Tiere nicht nur Fähigkeiten auf dieser Welt, wir haben auch Aufgaben. Ich hatte in meinem Leben eine ganz besondere Aufgabe, davon möchte ich euch erzählen.

Es war im Winter in einer ganz normalen Nacht, so dachte ich wenigstens. Ich stand mit meinem Freund dem Ochsen im Stall und wir teilten uns Heu und Hafer aus unserer Futterkrippe, wie wir es gewohnt waren. Alles war normal, fast etwas langweilig. Da kamen dann diese beiden Menschen herein. Ein Mann und eine Frau. Mein Freund Ochse, der nie besonders feinfühlig war, der stieß mich in die Rippen und sagte. „Guck mal, die Stute ist aber trächtig. Das Fohlen schlüpft noch heute Nacht.“

„O Mann“, sagte ich. Wenn ich eine Hand gehabt hätte, dann hätte ich sie mir an die Stirn gehauen. „Bei Menschen heißt das schwanger und das werden auch keine Fohlen, sondern Babys und schlüpfen tun die auch nicht.“

„Du nun wieder“, sagte Ochse. Also ehrlich, der Knabe ist nicht der Hellste, mich aber nennt man dummer Esel.

Wie man es dann auch nennt. Tatsächlich brachte die Frau in der Nacht ein Kind zur Welt, einfach so, mitten in unserem Stall. Na wenigsten war es schön warm. Und dann legten sie den kleinen in unseren Futtertrog. Naja, wir hatten gegessen. Und dann dachte ich, der Trubel wäre vorbei, aber dann ging es erst richtig los.

Plötzlich kam ein ganzer Haufen von Hirten angelatscht und die knieten sich vor unserem Futtertrog nieder. Erst dachte ich, die hätten Hunger, dann waren die ganz andächtig und beteten das Baby an, das bei mir mitten im Hafer lag. Ein Engel hätte die Hirten hergeschickt, erzählten sie. Und Maria, so hieß die Frau, hörte ganz still zu, was die Hirten so erzählten, vom Engel und so.
Was soll ich sagen, knapp waren die Jungs draußen, ich wollte mich gerade hinlegen, Ochse schlief schon eine Stunde, da kommen noch mehr Typen in unseren Stall. Die hatten merkwürdige Gewänder an, sie erzählten, sie kämen aus dem Morgenland, das liegt im Osten und sie seien einem Stern gefolgt, der sie zu diesem Stall geführt hätte. Ich meine, die Sterne da ob sind ja recht weit weg, wie die Jungs das hinbekommen haben, das müssen die mir mal erklären.
Auf jeden Fall brachten sie Geschenke mit, Weihrauch, Myrrhe und Gold. Nichts zu essen. Und dann fielen auch sie auf ihre Knie und beteten das Kind an. Na, das kannte ich ja schon von den Hirten.
Als die Jungs dann wieder abgezogen waren, legte ich mich auch hin. Aber die Nacht war noch nicht zu Ende, echt nicht. Mitten in der Nacht wachte ich auf, ein Licht, hell wie die Sonne stand mitten in unserem Stall. Das war wohl so ein Engel, Michael nannte er sich, und sagte zu Maria und ihrem Mann Joseph, dass sie hier nicht bleiben könnten, sie müssten weg, weil der König Herodes eifersüchtig war auf das Baby und nun vor hatte alle Babys umzubringen. Eine Aufregung, mitten in der Nacht. Aber schlafen konnte ich nicht mehr. Die beiden packten ihre Sachen und dann, ihr werdet es kaum glauben, machten sie meinen Stall auf, führten mich am Halfter hinaus und Joseph setzte mir Maria und das Baby auf den Rücken. Und dann hauten die drei, wir vier muss ich ja sagen, mitten in der Nacht ab und flohen nach Ägypten. Ich war echt nur zum falschen Zeitpunkt am falschen Ort, was sollte ich in Ägypten. Aber die waren ganz lieb zu mir, netter als mein Besitzer

jedenfalls. Und das Baby hatte irgendwas Besonderes, das merkte ich gleich, es roch auch ganz anderes als alles, was ich vorher gerochen hatte. Irgendwann ging es auch wieder zurück in die Heimat.

Aber damit ist die Geschichte von mir und dem Baby, Jesus hieß es, noch nicht zu Ende. Viele Jahre später, ich war schon ganz schön grau, bestimmt 30 Menschenjahre später, werde ich geholt, mein Junges musste auch mit, und da kam ein Mann und setzte sich auf mich. Und was soll ich sagen, ich erkannte ihn sofort wieder, am Geruch. Es war dieser Jesus und er ritt auf mir nach Jerusalem. Da war es das zweite Mal, dass ich diesen Menschen tragen durfte. Aber immer wenn ich mit Jesus zu tun hatte, war ordentlich was los. Die Menschen standen an den Straßen als wir vorbeiritten, sie rissen Palmzweige von den Bäumen und riefen Hosianna dem Sohne Davids, Hosianna in der Höhe. Ich wollte eigentlich sagen, das ist nicht der Sohn Davids, das ist der Sohn Josephs, ich war dabei, wie er geboren wurde. Aber mich verstand keiner und Jesus störte es wohl auch nicht. Jesus war wohl so etwas wie ein Popstar nehme ich an. So brachte ich diesen Mann nach Jerusalem. Er war ganz freundlich zu mir und nannte mich Bruder-Esel, ich hatte sogar das Gefühl, dass er verstehen konnte, was ich sagte. Nie wieder habe ich so einen Menschen gesehen und was soll ich euch sagen. Eine Woche später hat man ihn in Jerusalem, dahin wo ich ihn gebracht habe, da hat man ihn umgebracht, ermordet.

Seit dem kann ich nicht mehr Weihnachten feiern, ohne an seinen Tod zu denken, sein Kreuz steht über der Krippe, über meinem Futtertrog, ich bin das Wesen, das ihn am längsten begleitet hat, vom Anfang bis zum Ende.

Aber er soll gar nicht mehr tot sein, er hat wohl irgendwie den Tod hereingelegt oder überlistet. Wenn ich ihn mal treffe, frage ich ihn nach dem Trick, wie er das gemacht hat, Und dann verrate ich ihn euch, vielleicht müsst ihr es aber auch bloß glauben, denn ich der Esel glaube es, denn ich war dabei. Amen

Jabboq
(Gen 33, 22-32)

Und er [Jakob] stand in jener Nacht auf und nahm seine zwei Weiber und seine zwei Mägde und seine elf Söhne und zog über die Furt des Jabbok; und er nahm sie und führte sie über den Fluß und führte hinüber, was er hatte. Und Jakob blieb allein übrig; und es rang ein Mann mit ihm, bis die Morgenröte aufging. Und als er sah, dass er ihn nicht übermochte, da rührte er sein Hüftgelenk an; und das Hüftgelenk Jakobs ward verrenkt, indem er mit ihm rang.
Da sprach er: Laß mich los, denn die Morgenröte ist aufgegangen; und er sprach: Ich lasse dich nicht los, du habest mich denn gesegnet.
Da sprach er zu ihm: Was ist dein Name? Und er sprach: Jakob.
Da sprach er: Nicht Jakob soll hinfort dein Name heißen, sondern Israel; denn du hast mit Gott und mit Menschen gerungen und hast obsiegt.
Und Jakob fragte und sprach: Tue mir doch deinen Namen kund!
Da sprach er: Warum doch fragst du nach meinem Namen? Und er segnete ihn daselbst.
Und Jakob gab dem Orte den Namen Pniel: denn ich habe Gott von Angesicht zu Angesicht gesehen, und meine Seele ist gerettet worden!
Und die Sonne ging ihm auf, als er über Pniel hinaus war; und er hinkte an seiner Hüfte.
Darum essen die Kinder Israel nicht die Spannader, die über dem Hüftgelenk ist, bis auf den heutigen Tag, weil er das Hüftgelenk Jakobs, die Spannader, angerührt hat.

Als Jakob vor sieben Jahren in der Firma für „Pharmazie und genverbesserte Lebensmittel" eine Stelle als Laborleiter bekam, fand

er vor allem modernste Arbeitsbedingungen vor und freute sich wiederholt über den originellen Firmennamen, Jabboq.
Jabboq war in Fachkreisen zu einem Qualitätsmerkmal modernster Genforschung geworden. Neben dem grünen Bereich (Lebensmittel) und dem roten Bereich (Pharmazie) der Genforschung drängte nun Jabboq auch darauf, Marktführer im grauen Bereich (Kunststoffe) zu werden, der noch kaum erschlossen ist. Doch das war nicht Jakobs Fachgebiet. Nachdem er sich mit genveränderten Futtermitteln einen Namen gemacht hatte, war er Leiter des biomedizinischen Labors geworden. Es gab zwar ein paar Konkurrenten, die ebenso gut waren wie er und der eine oder andere ein älteres Anrecht auf diese Stelle gehabt hätte, aber Jakob konnte die Mitbewerber durch lautere, aber auch unlautere Mittel hinter sich lassen. Denn letztlich war ihm ausschließlich wichtig, dass der Firmenchef und der Aufsichtsrat ihm, Jakob, den Segen für die Leitung des wichtigsten Labors des Konzerns übertrugen.

In seinem Labor hatte Jakob den Kampf gegen einen großen Gegner aufgenommen, das Alter. In schier endlosen Versuchsreihen und vielen Nächten ohne Schlaf fand Jakob heraus, warum menschliche Zellen altern. Jakob hatte sozusagen die Zeit entdeckt. Bei jeder Zellteilung, so fand er heraus, verliert das Ende der Chromosomen einen Teil, dort wo eine Eiweißverbindung lokalisiert wurde, die man Telomeren nennt. Wenn bei jeder Zellteilung ein Stück dieser Telomeren verloren geht, tickt die Lebensuhr immer langsamer. Jakob arbeitete an einem Enzym, ein wahrer Jungbrunnen, das verhindern sollte, dass die Telomeren am Ende der Chromosomen absterben. Dieses Enzym nannte er Telomerase, und er konnte nach verschiedenen Versuchsreihen feststellen, dass sich mit Telomerase manipulierte Zellen, auch nach über hundert Zellteilungen, wie Zellfrischlinge unter dem Mikroskop tummelten.

Der große Durchbruch war nachts gewesen, er war alleine im Labor, als das Enzym das erste Mal so stabil war, dass es zu einem geglückten Versuch eingesetzt werden konnte. Jakobs Puls stieg langsam, als er feststellte, dass seine kleine Schöpfung nicht wieder zerfiel, wie so viele Male zuvor. Seine Hände wurden schweißnass, als er dokumentieren konnte, dass die Zellen den eigenen Tod überwunden hatten und als sie dies auch noch beim hundertsten Mal taten, war Jakob von seinem Stuhl aufgesprungen, hatte die Faust zum Himmel gereckt und geschrieen. „Gott, mach dich auf meinen Hohn bereit, denn ich bin der König der Zeit!"
Dann hatte er sich wieder hinsetzen wollen, um den Versuchsverlauf weiter zu dokumentieren, doch irgendwie war das Labor ein anderes. Vielleicht war es dunkler oder es war ihm schlicht noch nie so aufgefallen, wie dunkel es nachts war, wenn er allein im Labor arbeitete. Vielleicht bemerkte er nur jetzt seine Müdigkeit, wo er seinen Kreislauf durch den beherzten Sprung vom Stuhl kurzzeitig in die Höhe gejagt hatte. Was auch immer, auf jeden Fall hatte sich sein Gefühl für das Labor geändert. Denn das Labor konnte sich ja nicht geändert haben, schließlich war er Wissenschaftler.
Schnell, fast hektisch, schloss Jakob seine Versuchsreihe ab, packte das Nötigste von seinem Arbeitsplatz zusammen und verließ das Labor, wie aus Angst.
Seit dem hatte er an seiner Versuchsreihe nicht weiter gearbeitet, zeichnete den Versuchsverlauf zwar immer wieder nach, immer wieder verglich er die Zahlen und sah die Bilder an, die er automatisch immer aufnahm, aber er hatte es kein zweites Mal probiert. Mit einem lachenden und einem weinenden Auge beobachtet er die erfolglosen Versuche seiner Assistenten. Er war der bessere, das hatte er sich wenigstens selbst bewiesen. Er war der, auf dem der Segen der Firma lag, aber irgendetwas war passiert, als er Gott herausgefordert hatte, als er einen kurzfristigen Sieg über das festgesetzte Alter der menschlichen Zelle errungen hatte.

In der Cafeteria hatte er ein Gespräch mit einer Assistentin. Sie sprach ihn an: „Wir kommen nicht weiter und ich glaube auch nicht, dass unser Projekt sehr sinnvoll ist.“
„Nicht sinnvoll?“, echote er empört. „Nicht sinnvoll? Der Traum der ganzen Menschheitsgeschichte liegt in unseren Händen. Ewige Jugend, die Bewältigung der Bürde des Alters. Wir könnten Krankheiten nehmen, ein Lebensalter zwischen 300 und 400 Jahren wäre in Aussicht, biblische Zustände.“
„Und dann?“, entgegnete sie ihrem Chef ungerührt. „Und dann? Damit gehen die Probleme doch erst los. Wann gehen sie in Rente? Mit 65 oder mit 365? Gibt es Telomerase für alle Menschen oder nur für Reiche? Nur für gute Menschen oder auch für schlechte? Manchmal ist es nämlich ein Segen, wenn andere sterben. Manchmal ein Segen, wenn man selbst stirbt.“ Dann stellte sie ihre Kaffeetasse auf einen Wagen mit benutztem Geschirr und sagte im Weggehen. „Wie dem aber auch sei. Die Versuchsreihen laufen alle nicht. Auf diesem Projekt liegt jedenfalls kein Segen.“
Kein Segen, dachte er. Ich habe ihn, ich habe eine geglückte Versuchsreihe. Ich kann das, ich. Aber er sagte es niemanden, Jakob blieb für sich eine lange Zeit, der heimliche Nobelpreisanwärter, derjenige, dem der Preis zusteht. Dem Herren der Zeit. Aber er behielt alles für sich.

Als er wieder einmal vor seinen Aufzeichnungen saß, spürte er, wie sehr die Bemerkungen der jungen Kollegin ihn verletzt und gekränkt hatte. Er hatte die gesamte Menschheit im Auge, er wollte helfen, er wollte der Erfüller eines Traums werden, von dem seit Menschengedenken geträumt wird.
Stimmte das? Wollte er nicht vielmehr ein Produkt auf dem „Jakob“ stand, ein Produkt von dem die Welt wissen sollte, er hatte es vollbracht? Er war der geniale Schöpfer von Telomerase, er war der Nobelpreisträger. Was ginge ihn denn das soziale Problem von dreihundert Jahre alten Rentner an? Das ist doch schließlich Sache

der Politiker, das könne man ihm doch nicht in die Schuhe schieben.

Jakob spiegelte sich im Bildschirm seines ausgeschalteten Computers. Er sah sich selbst ins Gesicht und schüttelte den Kopf. Er war Wissenschaftler, er kämpft wie alle anderen großen Männer und Frauen der Forschung um das verdeckte Wissen. Das Wissen, das allen Menschen vom Nutzen sein wird, wenn es aufgedeckt und angewandt werden kann. Das ist seine Aufgabe.

Du kämpfst gegen Gott, Jakob, sagte ihm sein Spiegelbild.

Nein, ich suche bloß die Schätze, die Gott versteckt hat. Das ist alles, ich kämpfe gegen Krankheiten, gegen das Alter, gegen das Leiden, aber nicht gegen Gott.

Und warum glaubst du, du wärst der Herr der Zeit?

Weil ich sie aufhalten kann. Ich kann die Zeit aufhalten. Mit meinem Verfahren braucht kein Mensch mehr zu sterben, wenigstens nicht so früh. Meine genverbesserten Lebensmittel werden die Hungerkatastrophen auf der Welt bekämpfen, Reichtum und Wohlstand für die ärmsten Länder dieser Erde, das ist doch das Resultat und das Ziel meiner Forschungen.

Ehrlich?

Die junge Assistentin neulich hatte ihn verletzt, wie man ihn noch nie zuvor verletzt hatte. Sie hatte nicht seine Kompetenzen als Wissenschaftler in Frage gestellt. Wie hätte sie das auch tun können, denn schließlich lag der Segen des Konzerns auf ihm. Sie hatte auch nicht seine Methoden als Irrweg bezeichnet, sondern seinen gesamten Kampf gegen den Tod, als letztliches Problem in den Raum gestellt. Einfach so, fast im Vorbeigehen. So, als wäre das letzte Problem sein Problem oder ihr Problem oder das Problem der Firma. Was gingen die Firma letzte Probleme an. Das war Aufgabe der Politiker oder der Philosophen letzte Probleme zu lösen, aber doch nicht seine Aufgabe, er war Wissenschaftler.

Lange sah Jakob sich in seinem Spiegelbild an, dann sagte er: „Gib es wenigstens zu, ich habe dich besiegt. Ich habe die Zeit angehalten, ich habe gewonnen gegen die Zeit, hier in den Laboren von Jabboq. Ich habe dich besiegt, nun gib mir deinen Segen."
Nur wenn du deine Forschungen ruhen lässt Jakob, nur wenn du einsiehst, dass dein Sieg eigentlich eine Niederlage war, da er dir nichts nützt. Lasse deine Ergebnisse ruhen und ich segne dich.

Als Jakob das Labor verließ und die Tür zum letzten Mal hinter sich ins Schloss zog, hatte er sämtliche Aufzeichnungen seiner Versuchsreihe „Telomerase" unter dem Arm. Vor dem Gebäude warf er alles in einen großen Container, von dem er wusste, dass er morgen früh geleert werden würde.
Er drehte sich nicht noch einmal um, zum Ort seines Sieges, er wusste, dass er den Nobelpreis verdient hatte, ihn aber niemals bekommen würde.
Als Jakob im Mondlicht über den Parkplatz zu seinem Auto ging, da schien es, als hätte er sich verletzt, als würde er humpeln, aber wie leicht täuscht man sich, wenn nur das Mondlicht scheint.
Amen

Der reiche Mann

Ein sehr reicher Mann, ein Multimillionär, hatte im Laufe seines Lebens eine sehr große Kunstsammlung zusammengetragen.
In Fachkreisen wusste man von seinen seltenen Exponaten, in einschlägigen Zeitschriften wurde darüber berichtet.
Er war ein großer Mäzen und hatte sein ganzen Leben der Kunst verschrieben. Sein Leben hätte glücklich sein können, wäre nicht der einzige Sohn des Mannes schon sehr früh gestorben. Das war die Tragik seines Lebens, dass sein Sohn, sein geliebtes Kind, gestorben war.

Nun war auch der Millionär im hohen Alter heimgerufen worden und er hatte in seinem Testament verfügt, dass seine gesamte Kunstsammlung versteigert werden sollte.
Kunstsammler aus der ganzen Welt kamen angereist, um das eine oder andere Gemälde zu ergattern.
Kunstsammler, Galleristen und reiche Kunstliebhaber waren gekommen. Sie alle waren voller Erwartungen.
Als der Auktionator mit seinem Hammer die Auktion eröffnete, wurde es ganz still im großen und gut gefüllten Saal.
Der Auktionator zog eine Mappe hervor und sagte: „Bevor die Auktion beginnen kann, so steht es im Testament, muss dieses Kinderbild versteigert werden. Der Sohn des Millionärs hat es gemalt.“ Und er hielt das Bild in die Höhe, das unschwer als Kinderzeichnung zu erkennen war.
Niemand wollte es haben. Die Sammler und Galleristen schauten auf den Boden, niemand hob die Hand.
„Dieses Bild muss als erstes verkauft werden, so steht es im Testament“, wiederholte der Auktionator.

Da erhob sich ein Herr in der letzten Reihe und sagte: „Ich war der Butler im Haus. Ich kannte den Jungen. Ich kaufe das Bild." Dann nannte er eine Summe von ein paar Euro.

Alle waren erleichtert
Jetzt konnte es losgehen. Die vielen Herren und Damen hoben wieder die Köpfe voller Spannung und Kauflust.
Da erklang wieder der Hammer des Auktionators: „Damit ist die Versteigerung zu ende."

Ein Raunen ging durch den Saal. *Zu Ende? Das kann nicht sein, es hat ja noch gar nicht begonnen!*
„Denn der zweite Satz im Testament lautet:", so hörte man wieder die Stimme des Auktionators. „Wer den Sohn hat, der hat alles."
Amen

Die Suche nach dem lieben Gott
(1.Könige 19, 9-12)

Und Elia kam dort in eine Höhle und blieb dort über Nacht. Und siehe, das Wort des HERRN kam zu ihm: Was machst du hier, Elia?
Er sprach: Ich habe geeifert für den HERRN, den Gott Zebaoth; denn Israel hat deinen Bund verlassen und deine Altäre zerbrochen und deine Propheten mit dem Schwert getötet, und ich bin allein übrig geblieben, und sie trachten danach, dass sie mir mein Leben nehmen.
Der Herr sprach: Geh heraus und tritt hin auf den Berg vor den HERRN! Und siehe, der HERR wird vorübergehen.
Und ein großer, starker Wind, der die Berge zerriss und die Felsen zerbrach, kam vor dem HERRN her; der HERR aber war nicht im Winde. Nach dem Wind aber kam ein Erdbeben; aber der HERR war nicht im Erdbeben.
Und nach dem Erdbeben kam ein Feuer; aber der HERR war nicht im Feuer. Und nach dem Feuer kam ein stilles, sanftes Sausen.

I.
Es war der erste Advent, ein paar Tage vor Nikolaus, da nahm Melanie Dieter zur Seite und flüsterte: „Dieter, wo wohnt denn eigentlich der liebe Gott?“
Dieter zog die Stirn in Falten, so wie er es immer tat, wenn er nachdachte. Und wenn er dann aber keine Antwort wusste, blies er die Backen auf, stülpte die Lippen nach vorne und atmete schließlich erschöpft aus. „Keine Ahnung“, sagte er kurz.
Melanie und Dieter lebten seit einem Jahr in derselben Wohngruppe. Jeder hatte ein Zimmer für sich, was den beiden auch so gut gefiel, denn Dieter hörte gerne deutsche Schlager, während Melanie lieber harte Rockmusik anmachte. Hart und laut, so fand sie es gut und Dieter war eher der romantische Typ. Wie dem auch sei.

Die beiden hatten sich ineinander verliebt und waren nun schon eine ganze Zeit ein Paar. Sie arbeiteten auch in derselben Werkstatt. Dieter in der Produktion und Melanie in einer Kreativ-Gruppe.

Morgens fuhren sie mit demselben Bus zur Arbeit, beim Essen saßen sie immer nebeneinander, zum Feierabend fuhren sie zusammen zurück. Auch in ihrer Freizeit machten die beiden viel zusammen, bloß das gemeinsame Musikhören, das ging nicht so richtig. Aber das machte auch nichts.

Es war kurz nach dem Frühstück gewesen. Der Gedanke schoss Melanie einfach so durch den Kopf. „Wo wohnt denn eigentlich der liebe Gott?“

„Also“, begann Dieter, um nicht ganz ahnungslos zu wirken. „Also, wo der Weihnachtsmann wohnt, das weiß ich.“ Dieter hatte ihm heimlich schon einen Brief geschrieben, dem Weihnachtsmann. – Santa Claus, Weihnachtsgasse 1, Finnland – eigentlich wusste er ja, dass es den Weihnachtsmann gar nicht gibt und Melanie lachte ihn immer wieder aus, wenn er von ihm anfing. Aber irgendwo, ganz tief in Dieters Kopf, da wollte er die Hoffnung nicht aufgeben, dass es ihn vielleicht doch gäbe, den Weihnachtsmann.

Melanie knuffte ihn mit der Faust auf den Oberarm, „ du und dein Weihnachtsmann. Ich suche den lieben Gott.“

Dieter nickte. „Und wo willst du suchen? Um ihn zu finden, müssen wir ja irgendwo suchen.“

„Genau so ist es“, sagte Melanie. „Es muss doch ein besonderer Ort sein, an dem Gott wohnt. Irgendwie anders als andere Orte. Oder?“

Dieter kräuselte seine Stirn und dann hob er den Finger. „Ich kenne einen Ort, der ist anders als andere Orte.“

„Dann nichts wie hin!“ Melanie lief gleich los und riss ihre Jacke von der Garderobe, Dieter kam kaum hinterher. Zusammen holten sie ihre Fahrräder aus dem Keller und schoben sie auf die Straße. „Wo lang?“, fragte sie und Dieter fuhr los.

Es ging durch den Ort und dann hinaus, über Stock und Stein, durch ein kleines Wäldchen und schließlich mussten sie ihre Räder über ein große Wiese schieben. Und dahinter lag eine riesige Baustelle. Ein neues Einkaufszentrum sollte hier einmal entstehen. Ein Parkplatz für zweitausend Autos, Geschäfte und Cafés, alles war schon geplant. Aber im Moment stand dort nur ein riesiges Gerippe aus grauem Beton. Große Maschinen, Bagger und Kräne standen ruhig auf ihren Plätzen. Sie ließen die Köpfe hängen, als würden sie schlafen.

„Nix los heute, weil Sonntag ist", sagte Dieter. Melanie nickte.

Irgendwie unheimlich, dieser Koloss aus Beton, drei Stockwerke hoch, kalt und nass sah es hier aus. Kalt und nass war es auch.

Langsam schoben sie ihre Räder näher ans Gebäude heran und lehnten sie an den großen Lattenzaun.

Groß und grau und kalt und nass sah das zukünftige Einkaufszentrum aus.

Melanie ging einfach hinein. Das Schild „Betreten der Baustelle verboten, Eltern haften für ihre Kinder" übersah sie einfach. Sie konnte ohnehin nicht so gut lesen.

Dieter folgte ihr.

„Haaaaaallo", rief sie und es kam ein kleines Echo von den nackten Wänden.

„Was meinst du?", wollte Dieter wissen.

„Was meine ich?", fragte Melanie.

„Na, was meinst du? Finden wir hier den lieben Gott?"

Ganz lange gingen sie durch die großen leeren Räume. Treppauf und treppab. Mal linksherum, mal rechtsherum. Einmal verloren sie sich sogar in diesem riesigen Gebäude, fanden sich aber schnell wieder.

Dieter bekam Hunger, Melanie hatte kalte Füße und langsam fiel ein leichter Nieselregen auf die Welt.

„Nein“, sagte Melanie schließlich. „Hier ist Gott nicht. Es ist zu kalt und zu einsam. Ich glaube, wo Gott ist, da ist Licht und Wärme. Nein, hier ist Gott nicht.“

„Aber ein Versuch war es wert“, sagte Dieter.

„Auf jeden Fall“, bestätigte ihn Melanie. „Jetzt wissen wir schon mal, wo wir ihn nicht noch mal suchen brauchen. Wir sind ein bisschen schlauer als heute Morgen.

Dann fuhren sie nach Hause in ihre Wohngruppe, tranken heißen Kakao und überlegten sich, wo sie weiter suchen sollte, denn sie wollten den lieben Gott auf jeden Fall finden.

II.

Es war Freitagabend. Dieter stand in der Küche und wusch das Geschirr ab. Er hatte diese Wochen Küchendienst gehabt und er erledigte seine Aufgaben immer sehr gewissenhaft. Es gab etwas mehr schmutziges Geschirr als sonst, denn sie hatten Plätzchen gebacken, das machte allen besonders in der Adventszeit große Freude.

Beim Abwaschen hörte Dieter Radio. Wie immer hatte er einen Sender gewählt, der viele oder eigentlich ausschließlich Schlager spielte. Daher wusch auch Melanie nie mit ihm zusammen ab, denn sie sagte, wenn man zu viele Schlager höre, bekäme man Ohrenkrebs. Darüber hatte Dieter lange nachgedacht, er hatte auch mit seiner Gruppenleiterin in der Werkstatt über den möglichen Zusammenhang von Schlagermusik und Ohrenkrebs gesprochen. Sie waren zu dem Ergebnis gekommen, dass man ein gewisses Restrisiko natürlich nicht ausschließen könne, aber die direkte Gefahr einer Erkrankung eben doch sehr gering sei. Also hörte Dieter seine Schlager und das auch beim Abwaschen. Aus Melanies Zimmer kreischten die E-Gitarren, wummerten die Bässe und knallten die Schlagzeuge.

„Stille Nacht“, summte Dieter vor sich hin.

Da kam plötzlich eine Unwetterwarnung durch das Radio. Orkanartige Winde würden von der Nordsee über das Land kommen, Regen und beim Mittaghochwasser bestünde die Gefahr einer Springflut.
Dieter legte seine Stirn in Falten. Dann nahm er sich ein Handtuch, trocknete seine Hände ab und ging zu Melanies Zimmer. Er klopfte höflich an und steckte dann seinen Kopf durch die Tür.
„Komm rein!", sagte Melanie und drehte die Musik etwas leiser. „Bist du schon fertig?"
Dieter schüttelte den Kopf. „Nein, nein. Ich habe nur im Radio gerade eine Unwetterwarnung gehört. Ein ganz großes Unwetter kommt morgen über die Nordsee und ich dachte...", Melanie ließ ihn nicht aussprechen.
„Du dachtest, da ist vielleicht der liebe Gott drin?"
Dieter nickte. Melanie kratzte sich am Kopf. Es müsste schon etwas besonderes sein, wo der liebe Gott ist. Etwas Kraftvolles.
„Wir könnten mit dem Zug nach Husum fahren. Wir melden uns zu Mittag ab und essen in Husum ein Fischbrötchen", sagte Melanie.
„Ich nehme ein Krabbenbrötchen und eins mit Fischfrikadelle und Remoulade!", sagte Dieter.
So kam es, dass die beiden mit dem Zug nach Westen fuhren, Richtung Husum. Das Wetter war schlecht. Aber sie hatten sich ihre Regenjacken und Gummistiefel angezogen und die dicken Mützen aufgesetzt. Im Zug saßen sie neben einander und Melanie hielt Dieters Hand ganz fest. Sie war ganz aufgeregt. Dieter hatte es gerne, wenn Melanie seine Hand hielt. Für ihn war es das Schönste auf der Welt mit Melanie zusammen zu sein. Einfach nur neben ihr sitzen, ihre Hand halten oder an ihrem Haar riechen. Ihr Haar roch ganz toll, ganz toll nach Melanie.
Melanie lachte zwar manchmal über Dieter, weil er seinen Weihnachtsmann nicht aufgeben wollte und weil er Schlager hörte, aber im Grunde war ihr das gar nicht wichtig. Sie liebte ihn, wie er war. Er gab ihr das Gefühl etwas Besonderes zu sein. Und sie konnte

sich immer auf ihn verlassen, egal was war. Darum machten sie auch fast alles zusammen. Nächstes Jahr wollten sich die beiden verloben und dafür auch richtige Ringe kaufen. Melanie fand das aufregend und Dieter fand es romantisch.

In Husum flogen sie fast weg, so ein Sturm blies ihnen entgegen, als sie aus dem Bahnhofsgebäude kamen. Es war kalt und der Regen war, als würden ihnen kleine Eiskristalle ins Gesicht fliegen. Sie fragten einen Busfahrer, wie sie zum Deich kämen, weil sie aufs Meer gucken wollte.

„Bei dem Wetter?“, fragte der Busfahrer.

Beide nickten, sie wollten nicht sagen, dass mit dem Wetter vielleicht der liebe Gott kam. Das ging den Mann ja gar nichts an.

„Von mir aus“, sagte er. „Ihr könnt einsteigen, ich fahr ganz dicht an den Deich heran. Es wird aber nicht so schlimm wie man befürchtet hatte. Springflut und so. Das gibt es heute nicht. Aber es wird schon ziemlich ungemütlich auf dem Deich. Das kann ich versprechen.“

Melanie wusste nicht, ob sie enttäuscht sein sollte. Es wird nicht so schlimm, hatte er gesagt. Aber vielleicht war es ja auch ganz gut, dass es nicht so schlimm werden würde. Der kalte Wind vor dem Bahnhof hatte ihr eigentlich schon gereicht.

„Nicht schlimm“ war Ansichtsache. Melanie fand es geradezu fürchterlich. Das Meer brüllte, die Wellen waren riesig und die eine sprang der anderen in den Nacken, als würde das Meer sich selbst auffressen wollen. Dieter breitete die Arme aus und ließ sich vom Deich in den Wind fallen und der Wind trug ihn, so dass er nicht umkippte. Melanie klammerte sich an Dieter fest, sie stellte sich hinter ihn, ihr Gesicht tat weh vom Regen und vom Sturm. Dieter legte ihr den Arm um die Schulter, um sie zu beschützten.

Melanie sagte etwas, aber das Wetter war zu laut, als dass er es hören konnte.

Er musste sich richtig zu ihr hinunter beugen, dass sein Ohr an ihrem Mund war.

„Ich glaube, Gott ist nicht in diesem Wetter!“, rief sie.
Und Dieter schüttelte zustimmend den Kopf. Nein, Gott war nicht in diesem Wetter.
Melanie rief noch etwas, aber der Wind verschluckte die Worte, nur etwas drang an Dieters Ohr, das wie Fischbrötchen klang. Nun nickte er heftig und sie fuhren wieder in die Stadt. Dort wärmten sie sich auf, tranken heißen Tee und Dieter aß vier Brötchen. Eins mit Krabben, eins mit Fischfrikadelle, eins mit Backfisch und eins mit Aal. Er hätte noch mehr gegessen, aber er hatte kein Geld mehr.
Melanie aß ein Brötchen mit Seelachs. Mit der Serviette wischte sie ihm ein bisschen Remoulade von der Lippe und gab ihm einen Kuss
„Wieder sind wir etwas schlauer“, sagte sie. „Gott ist nicht im Unwetter.“
„Gott ist Licht und Wärme, hattest Du gesagt“, erinnerte sich Dieter.
„Ja, Licht und Wärme.“ Wir sollten etwas suchen, was Licht und Wärme ist.“ Sagte er.
Als sie mit dem Zug wieder nach Hause fuhren, waren sie sehr nachdenklich. Aber auch glücklich, denn sie hatten sich sehr lieb und Melanie hielt Dieters Hand ganz fest, so dass kein Wind der Welt ihn wegwehen konnte.

III.

Kurz vor Weihnachten fing es an zu schneien. Noch kürzer vor Weihnachten brachten westliche Winde warme Luft über das Land und der Schnee schmolz in kurzer Zeit wieder weg.
Wo Gott ist, da muss Licht und Wärme sein. Dafür hatten sich Melanie und Dieter entschieden. Licht und Wärme. Überall, wo die beiden Licht und Wärme zu finden glaubten, suchten sie Gott. Auf den vielen Weihnachtsmärkten mit ihren bunten Lichterketten und Tannenbäumen. Aber sie fanden Gott hier nicht, sondern bloß At-

mosphäre. Im warmen Punsch, Glühwein oder der heißen Wurst fanden sie Gott nicht, sie fanden Geschmack, aber Gott musste doch etwas anderes sein, als eine leckere Wurst oder ein hübsch leuchtend geschmückter Tannenbaum.
„Hier ist überall Licht und Wärme und ganz viel Musik und ein großes Durcheinander", hatte Dieter gesagt.
„Ja!" Melanie war irgendwie traurig, sie wollte so gerne Gott finden.
Auf einer kleinen Bühne hielt ein Pastor eine kurze Abendandacht auf dem Weihnachtsmarkt, das sollte wohl originell sein. Kaum jemand hörte zu. Einige Männer prosteten unentwegt dem Pastor mit ihrem Glühwein zu, der redlich versuchte mit seiner Gitarre ein paar Adventslieder mit den Menschen zu singen.
Dieter sang mit, er kannte sie alle. Melanie summte heimlich mit, sie wollte es ein bisschen verbergen, dass ihr die Lieder auch gefielen.
Nach dem Segen kam der Pastor ziemlich zermürbt von der kleinen Bühne herunter.
„Du, den frag ich!", sagte Melanie und schon lief sie auf den jungen Mann zu.
„Hallo!", rief sie. „Ich heiße Melanie und suche den lieben Gott."
Der Pastor drehte sich um und lächelte. „Ich heiße Melanie und das ist Dieter." Dieter war so schnell er konnte hinter ihr her gekommen. „Wir suchen den lieben Gott. Aber wir können ihn nicht finden."
Der Pastor legte den Kopf etwas zur Seite und sagte dann: „Das geht vielen Menschen so. Sie suchen Gott und finden ihn nicht. Wo habt ihr denn bisher gesucht."
Dieter hob seine Hand und mit jedem Finger zählte er einen Ort auf, an dem sie gesucht hatten. „Auf einer Bausstelle, im Unwetter, im Glühwein und in der Wurst, in den vielen bunten Glühbirnen, …"
„Ihr erinnert mich an Elia", sagte der Pastor.

„Wer ist das?“, fragte Melanie.
„Elia war ein Prophet, das ist sehr lange her. Über 2500 Jahre. Damals gab es noch Propheten. Und dieser Elia, der hat auch immer Gott gesucht und dann will sich Gott von ihm finden lassen, er darf Gott schauen. Er versteckt sich in einer Höhle auf einem Berg. Und Gott sprach, „ich werde vor Deiner Höhle vorübergehen.“ Und ein großer, starker Wind, der die Berge zerriss und die Felsen zerbrach, kam vor Gott her; aber Gott war nicht im Wind. Nach dem Wind aber kam ein Erdbeben; aber Gott war nicht im Erdbeben.
Und nach dem Erdbeben kam ein Feuer; aber Gott war nicht im Feuer. Und nach dem Feuer kam ein stilles, sanftes Sausen.“
„Und da war Gott drin? Im stillen, sanften Sausen?“, fragte Dieter mit großen Augen.
Der Pastor nickte. „Da war Gott drin.“
Melanie klatschte in die Hände. „Gut, dann also ein Sausen. Wir müssen ein Sausen finden.“
„Manchmal sausen mir die Ohren, wenn Du so laut Deine Musik anhast.“
All drei mussten lachen.
„Nein“, lächelnd schüttelte der Pastor den Kopf. „Wenn ihr Gott finden wollt, dann müsst ihr Gott suchen. Auf einer Bausstelle findet ihr eine Baustelle, im Unwetter ein Unwetter und im Sausen findet ihr ein Sausen. Gott findet ihr in Gott. Aber der ist jedes Mal anders. Nur weil Elia ihn in einem stillen, sanften Sausen gefunden hat, heißt nicht, dass Melanie und Dieter Gott in einem Sausen finden werden.“
Dieter füllte seine Backen mit ganz viel Luft. Dann stülpte er seine Lippen nach vorne und bewegte die Nase. Melanie wusste, dass jetzt in seinem Kopf nichts vor sich ging. Totale Leere. Aber auch bei Melanie tat sich nicht viel. Sie hatte keine Idee, wo sie nun suchen sollte. Gott findet ihr in Gott, hatte er gesagt. Was soll das denn heißen?

„Seid nicht enttäuscht!“, sagte der Pastor als er die Gesichter der beiden sah. „Gott findet man eben nicht wie eine Tiefkühlpizza, die man im Supermarkt sucht. Aber wer Gott wirklich, von ganzen Herzen finden möchte, dem zeigt er sich. Da bin ich ganz sicher. Sucht Gott, dann findet ihr Gott.“ Er lächelte ihnen noch einmal aufmunternd zu, griff seinen Gitarrenkoffer, drehte sich um und verschwand in der Masse der Menschen auf dem Weihnachtsmarkt.

Schweigend gingen die beiden nach Hause in ihre Wohngruppe. Die anderen waren gerade dabei Plätzchen zu backen. Es duftete nach Küche, Ofen und Weihnachten. Melanie ging in ihr Zimmer und kam kaum noch heraus.

Am Heiligen Abend flog ihre Tür mit Schwung auf. Sie hatte in den letzten Tagen nicht einmal mehr Lust gehabt, laute Musik zu hören, sie war traurig.

Dieter stand in der Tür. Er hatte seine besten Sachen angezogen, eine Krawatte mit Schneemännern umgebunden und in der Hand hielt er seine Mütze und seinen Mantel.

„Los geht's!“, sagte er ungewöhnlich forsch. So dass Melanie ihre Stirn in Falten zog.

„Was geht los?“, fragte sie dann auch etwas angriffslustig.

Aber Dieter war in einer Stimmung, in der er nicht einzuschüchtern war.

„Es geht in die Kirche. Heute ist Heilig Abend. Unsere Suche ist noch nicht vorbei.“

Dann warf er ihr Schal und Handschuhe zu und drehte sich um. Eigentlich hatte Melanie beschlossen, nun böse auf Gott zu sein und ihn zu bestrafen, in dem sie nicht in den Gottesdienst ging. Aber Dieter hatte so was geahnt und diese Taktik mit seinem Betreuer abgesprochen. Sie ging auf. Melanie kam aus ihrem Zimmer, hakte sich bei Dieter ein und die beiden gingen zur Kirche. Nun hatte es doch angefangen zu schneien. Leicht und leise tanzten die

Flocken vom Himmel und setzten sich den beiden auf die Mäntel. Man konnte schon die Glocken hören, die zum Gottesdienst riefen und Dieter wurde ganz feierlich ums Herz. Melanie zürnte noch etwas gegen dieses Gefühl an, aber langsam wurde Weihnachten stärker, als das Gefühl vom Misserfolg.
Die Kirche war brechend voll und die beiden hatten Glück, noch zwei Plätze nebeneinander zu bekommen.
Irgendwie ging der Gottesdienst an Melanie vorbei, zu sehr hing sie in ihren Gedanken. Dieter sang laut mit, bei allen Liedern, er ließ sich von einem Gott, der sich nicht finden lassen wollte, nicht die Weihnachtsstimmung verderben.
Plötzlich horchte Melanie auf. Sie hörte ein paar Worte, die gelesen wurden und anders waren als andere Worte.
„Gott ist die Liebe und wer in der Liebe bleibt, der bleibt in Gott und Gott in ihm."
Mehr hörte sie auch gar nicht. Gott ist die Liebe. Suche Gott in Gott hatte der Pastor auf dem Weihnachtsmarkt gesagt. Gott ist die Liebe.
Melanie wurde ganz war ums Herz, Wärme und Licht. Sie hielt sich nun ganz fest an Dieter. Überall hatte sie Gott gesucht, überall hätte sie ihn finden wollen, dabei war er schon lange bei ihnen. Dabei hielt Gott schon lange seine Arme umschlungen um Melanie und Dieter. Sie hatten es nur nicht gemerkt. Und nun schämte sich Melanie, eine Träne lief ihr über die Wange, sie klammerte sich an Dieter und dann flüstere sie ihm ins Ohr. „Ich liebe Dich."
Dieter drehte erstaunt seinen Kopf zu ihr. Das hatte sie noch nie zu ihm gesagt.
Wo Gott an diesem Heilig Abend sonst noch war, das weiß ich nicht. Aber ganz sicher saß er in der kleinen Kirche, in der achten Reihe hinter Melanie und Dieter, die sich den Rest des Abends aneinander kuschelten und glücklich waren, Gott gefunden zu haben. Amen

Der Engel der Vergebung

(Predigt zu einer Installation des Bildhauers Ingo Warnke in der Petruskirche zu Nübbel.)

„Es ist so schwer!“, sagte der Engel der Vergebung. Flach am Boden, niedergedrückt von der Schuld der Welt, wollte er sich gar nicht mehr bewegen. Mutlos, als hätte er aufgegeben, lagen seine Flügel links und rechts von ihm. „Es ist so schwer und es ist so viel“, sagte er und blieb liegen.

Über ihm flogen seine fünf Kollegen. Leicht, fast schwerelos tanzten sie im untergehenden Sonnenlicht des scheidenden Tages.

„Sieh nur, diesen Himmel, ein Meer von Farben, das öffnet einem alle Sinne!“, rief der Engel der Glückseligkeit.

„Was nützt denn der schöne Himmel den armen Kindern dieser Welt. Die hungern, die in Steinbrüchen arbeiten müssen, die als Kindersoldaten im Krieg sind?“, wollte der Engel der Vergebung wissen.

„Aber der Himmel gehört doch nicht nur den Reichen und den Gesunden. Nicht nur den Fröhlichen und Erfolgreichen. Die sehen den meistens sowieso nicht richtig. Nur im Augenblick der Endlichkeit gewinnt die Schönheit des Himmels ihre ganze Tiefe“, sagte der Engel der Vernunft.

Aber er blieb am Boden liegen, zu deprimiert um den Kopf zu heben. Zu sehr niedergedrückt von der Schuld der Menschen, von der Schuld der Welt. Er, der Engel der Vergebung.

Seit langem schon war er mit sich und seinem Amt im Streit. Vergeben war schön, sie bereitete ihm Freude und er konnte die Befreiung spüren im Augenblick der Vergebung, wenn Menschen sich gegenseitig die Schuld nahmen oder wenn jemand seine Schuld vor Gott bekennen konnte. Dann legte der Engel der Vergebung die Hand auf seine Schulter und ein warmes Gefühl der Freiheit ersetzte die Last der Taten und Worte.

Aber immer mehr, immer häufiger wurde Vergebung eingeklagt, selbstbewusst, ohne jegliche Reue. Als gäbe es ein Anrecht auf Vergebung, ohne eine eigene Schuld vor sich oder den Mitmenschen eingestehen zu wollen. Wie oft war denn niemand schuld. Es waren die Umstände, es war eine Notlüge, es war die Gesellschaft, man wusste es halt nicht besser, ein Meer an Ausflüchten und Ausreden und wenn der Engel der Vergebung seine Hand auf die Schultern legte, blieb das warme Gefühl der Freiheit aus. Wie ein Buch, das man zum dritten Mal zum Geburtstag geschenkt bekommt. Unmöglich es umzutauschen, da ein nettes Wort hineingeschrieben worden war. Kein warmes Gefühl von der Last befreit zu sein.

„Schau dir die Menschen an, sie sehen sich in die Augen und gehen Hand in Hand durchs Leben. Alle wünschen sich das", rief der Engel der Liebe.

„Du bist ein Romantiker", antwortete er. „Du weißt genau, bevor sie sich in die Augen schauen, schauen sie sich auf den Hintern, den Busen oder sonst wohin."

Der Engel der Liebe flog ein Stück hinunter und blieb in der Luft stehen. „Was du sagst, ist richtig. Aber irgendwann sehen sie sich in die Augen und nur das ist wichtig."

„Spürst du nicht den Atem der Welt?", fragte der Engel des Lebens. „Spürst du denn nicht, wie er die Welt durchpulst. Wie alles aufblüht und sich reckt. Wie das Leben miteinander tanzt und alles miteinander verbunden ist."

Natürlich spürte er das. Er war ein Engel. Wie hätte er das nicht spüren sollen. Aber vielleicht deprimierte ihn das nur noch mehr. Das ganze Leid mitten in der Schönheit des Lebens.

Er atmete tief durch. „Aber die Menschen bringen sich gegenseitig um, einer gönnt dem anderen das Leben nicht."

„Und dann begleite ich sie!", sagte der Engel des Todes, der auf den letzten Sonnenstrahlen balancierte wie ein Hochseilartist. „Ich

begleite die Toten, du aber begleitest die Lebenden. Also steh auf. Wir brauchen dich."
„Es ist so schwer", sagte der Engel der Vergebung. „Ich will ja, aber es ist so schwer, jeden Tag neu diese Welt zu ertragen, die Bitterkeit, diesen Schmerz mitten im Leben, mitten in der gesamten Schönheit, mitten in der Liebe."
„Darum brauchen wir dich!", rief nun auch der Engel der Gerechtigkeit, der sich immer zurückhält, wenn der Engel der Vergebung am Werk ist. „Manchmal sind die Menschen viel klüger als wir meinen. Doch sie hören einander nicht zu, sonst wären sie schon viel weiter. Kennst du die Worte dieses einen Menschen, er heißt Nelson Mandela? Ich glaube, mein lieber Freund, diese Worte gelten auch für uns."
Der Engel der Vergebung hob den Kopf und schaute den Engel der Gerechtigkeit an.
„Wir wissen genau, dass niemand von uns völlig allein erfolgreich sein kann. Deshalb müssen wir gemeinsam handeln, als ein vereintes Volk .. für die Geburt einer neuen Welt."
Er blieb noch einen Augenblick liegen, dann spürte er die Kraft der Gemeinschaft und der Liebe, mitten in der großen Schuld. Bereit wieder zu fliegen, für eine bessere Welt.
Amen

Jesus in der Taschenlampe
(Joh 8,12)

Ich bin das Licht der Welt, wer mir nachfolgt wird nicht wandeln in der Finsternis, sondern wird das Licht des Lebens haben.

Er blätterte in seinen Unterlagen, die er schon viele Jahre nicht in der Hand gehabt hatte. Aufräumen wollte er in seinen Aktenordnern und Schubladen, aufräumen in seinem Büro und seinem Leben.
Und wie er so die vielen Papierseiten durch seine Finger gleiten ließ, die einen nach links in den Papierkorb, die anderen nach rechts zur weiteren Aufbewahrung, da fiel ihm auch seine Taufurkunde in die Hände. Seine Taufe. Er konnte sich nicht an sie erinnern und doch war sie geschehen. Seinen Taufspruch wusste er. „Ich bin das Licht der Welt, wer mir nachfolgt wird nicht wandeln in der Finsternis, sondern wird das Licht des Lebens haben."
Er musste lächeln, oft hatte er als kleiner Junge abends im Bett gesessen und in das Licht seiner Taschenlampe geguckt. Irgendwo musste nun doch Jesus in diesem Licht zu finden sein. Und wenn er lange genug geguckt hatte, dann war es ihm manchmal, als sehe er einen dunklen Fleck, den er als Jesu Kopf identifizierte. Oder wenn er spätabends unter der Bettdecke noch ein Bilderbuch oder ein Comic las, dann sagte er manchmal: „Komm Jesus, wir lesen noch ein bisschen." Dann machte er seine kleine Lampe an, und fühlte sich nicht allein.
Einmal, er machte gerade Schattenspiele an der Wand, er hatte seine Taschenlampe auf ein Buch gelegt, so dass sie an die weiße Tapete leuchtete und Figuren mit den Fingern im Licht bildete, da kam seine Oma ins Zimmer.
„Was machst du denn da Schönes?", fragte sie, obwohl sie genau wusste, was er da gerade spielte. Doch seine Antwort wunderte sie dann doch.

„Ich mache ein Schattentheater für Jesus. Siehst du, das ist ein Hase und nun kommt seine Freundin die Fledermaus. Zusammen wollen sie den Fuchs verjagen, aber den bekomme ich nicht so richtig hin."
„Das ist schön," sagte sie. „Aber wo ist Jesus denn?"
Er machte ein wirklich empörtes Gesicht. Wie konnte seine Oma nur so eine Frage stellen.
„In der Taschenlampe, Oma. Die mir mein Patenonkel zum Tauftag geschenkt hat."
„Aber Jesus wohnt doch nicht in einer Taschenlampe, mein Junge."
Nun machte er ein sehr fragendes Gesicht, fast ein bisschen traurig. Nicht?
Dann sagte er leise seinen Taufspruch auf. „Ich bin das Licht der Welt, wer mir nachfolgt wird nicht wandeln in der Finsternis, sondern wird das Licht des Lebens haben."
Die Oma hätte sich ohrfeigen können. Nun ärgerte sie sich über die vorschnelle Vernunft, die die Erwachsenen oft anwenden um Kindern eine Welt zu erklären, die sie eigentlich schon verstanden hatten. Vielleicht sogar besser verstanden hatten, als die Erwachsenen.
Die Oma hob ihren Enkel auf den Schoß. „Pass mal auf", sagte sie langsam, um Zeit zu gewinnen. „Jesus sagt, ich bin das Licht der Welt. Damit meint er, dass er überall ist, wo das Licht die Dunkelheit vertreibt."
„Hm", machte er. „Also auch in meiner Taschenlampe."
„Ja, auch in deiner Taschenlampe", antwortete Oma.
„Aber gerade hast du gesagt, Jesus wohnt nicht in einer Taschenlampe!", sagte er etwas trotzig.
„Damit meinte ich", druckste Oma nun herum, „dass er nicht nur in deiner Taschenlampe wohnt, sondern überall wo Licht ist."
Er war nicht so recht zufrieden, wusste dass seine Oma es anders gemeint hatte, als sie nun sagte. Und sie war unglücklich, weil ein

zu schnelles Wort diesen Kinderglauben erschüttert hatte, jenen Glauben, nach dem die Menschen sich so sehnen und den sie sich gleichzeitig kaputt machen, durch übertriebene Klugheit.
Manchmal, wenn er unter seine Bettdecke kroch, um zu lesen, sagte er noch leise, „komm Jesus, wir lesen noch ein bisschen". Aber der Zauber von damals war verschwunden. Plötzlich hatte er seinen ersten Schritt in jene geheimnislose Welt der Erwachsenen gemacht. Jesus wohnt doch nicht in einer Taschenlampe.
Und dann gab er es ganz auf, Jesus anzusprechen, wenn er eine Lampe anschaltete. Stattdessen lernte er irgendwann Gebete und Lieder, wurde konfirmiert, aber den Zauber dieses kindlichen Glaubens erfuhr er nie wieder. Der Verlust der träumenden Unschuld.
Und wie er nun als erwachsener Mann seine Unterlagen sortierte, gab er seiner Oma Recht. Jesus wohnt nicht in einer Taschenlampe. Aber im Grunde hatte er genau das gedacht. Er hatte keine abstrakte Vorstellung vom Licht gepflegt, von physikalischen Lichttheorien wusste er gar nichts. Er hatte geglaubt, Jesus würde in seiner Taschenlampe wohnen. Und irgendwann hatte er sogar diese weggeschmissen, ohne sich daran zu erinnern, dass er eine zeitlang Jesus in dieser Lampe geglaubt hatte.
Und wie er nun als erwachsener Mann seine Unterlagen sortierte und an seinen Taufspruch dachte, wurde ihm ganz warm ums Herz. Natürlich wohnt Jesus nicht in einer Taschenlampe, aber wir finden ihn überall dort, wo er die Dunkelheit vertreibt. Die Dunkelheiten des Lebens. Und in diesem Moment, viele Jahre später merkte er, dass seine Oma ihm unbewusst eine Tür geöffnet hatte. Er konnte eine größere Welt betreten, er musste nur selber über die Schwelle gehen. Zu wissen, dass Jesus nicht in einer Taschenlampe wohnt und gleichzeitig seine Gegenwart zu glauben, wenn Licht in unser Leben fällt. Diese offene Tür, die sah er plötzlich nach so vielen Jahren.

Draußen war es dunkel geworden, lange hatte er am Schreibtisch gesessen und seinen Erinnerungen nachgespürt.
Und wie nun seine Hand fast automatisch zur Schreibtischlampe wanderte, hielt er einen Augenblick inne. Dann flog ein Lächeln über sein Gesicht und er sagte: „Komm Jesus, wir wollen noch ein paar Akten sortieren." Und Jesus vertrieb ihm die Finsternis auf seinem Schreibtisch.
Amen

Wer bist Du?

(Eine Erzählung über die drei Bilder „Lillith", „Rahab" und „Lydia", von Mehrdad Zaeri. Ein Zyklus über Frauengestalten in der Bibel, ausgestellt 2008 in Schacht-Audorf, Nübbel, Risum und Giekau.)

Ich weiß über dich so wenig, nur immer ein paar Schlaglichter und doch bist du immer da in den entscheidenden Augenblicken. Von Anfang an bist du da und bestimmst das Geschehen meiner Welt. Mit Kraft, mit Güte, mit List und Tücke, mit Liebe und einer nicht zu beschreibenden Leidensbereitschaft. Immer bist du da.
Wenn die anderen auf der Bühne stehen und tanzen und Lärm machen, sich lauthals auf die Schultern und Schenkel schlagen, du bist da, in der Stille. Du gießt gerade den Wein ein, dem einen zur Freude, dem andern zum Leid.
Wenn die anderen die Waffen schwingen und sich gegenseitig die Gliedmaßen von den Körpern trennen, stolz durchs Blut ihrer Gegner waten und brüllen, dann wirfst du den entscheidenden schweren Stein von der Mauer, der den König erschlägt.
Nein, du bist kein Bild des Friedens, du bist nicht die Sanftheit, du bist nicht die Hingabe, die alles erträgt, obwohl du immer viel ertragen musstest. Du bist auch nicht das Bild der Sünde oder der Lust oder der Versuchung. Nein, das bist du nicht! Obwohl du immer da bist, wenn Sünde ist, wenn Lust ist, wenn Schmerz ist. Aber die anderen sind dann auch da und nicht nur du.
Du bist immer da, wenn Freude ist und Lachen und Gesang, zusammen mit den anderen. Du bist immer da und doch bist du so schwer zu finden. Ohne dich wäre nichts, aber du bist nicht alles und auf keinem Fall bist du an allem schuld. Und die Welt wäre auch keine bessere, wenn es nur dich gäbe, sie wäre ein ärmere, traurigere.

Wer bist Du?

Ich traf dich in den Ruinen von Edom. Du hattest es dir dort gemütlich gemacht, in der zerstörten Stadt. Mit Füchsen und wilden Hunden lebtest du in der Einsamkeit der Nacht. Die Leute sagten, du seiest eine Dämonin, die nachts die Kinder aus der Wiege stiehlt. Du sagtest: „Ich bin Lilith, die erste Frau Adams. Ich wollte mich nicht unterwerfen, weder dem Manne noch Gott, da bin ich gegangen. Deswegen haben die Menschen Angst vor mir." Du hast mir die Wüste gezeigt und du hast mir die Nacht gelehrt. Mit dem Finger hast du die Sterne an den Himmel gedrückt, bei Dir war Nacht. Sie umhüllte uns, sie lehrte mich leben. Wo bist Du Lilith, wenn der Tag anbricht? Lilith, wo bist du jetzt?

Als wir uns wieder trafen, nanntest Du dich Rahab. Ich erkannte Dich an der Nacht, die Dich umgab. Eine Nachtarbeiterin war aus Dir geworden. Du lebtest an der Stadtmauer und warst im Widerstand. Andere nannten Dich eine Kollaborateurin, wie immer lebtest Du gefährlich. Vielleicht bist Du immer im Widerstand. Noch genauso schön wie damals hast Du mich empfangen, ich konnte noch die Trümmer von Edom riechen und die Äpfel aus dem Paradies schmecken. Früchte einer größeren Welt, die uns herausreißt aus dem Zustand der träumenden Unschuld. Adam wurde herausgerissen, wider seinen Willen musste er packen und gehen. Aber er wünscht sich so sehr zurück in diese Welt der Verantwortungslosigkeit und sinnlichen Banalität. Du bist freiwillig gegangen und kamst nie wieder zurück. Man gibt ein gemachtes Nest nicht auf in dieser Welt. Vor allem keines, das scheinbar so gut ist, dass sogar die Nachbarn neidisch sind. Nein, so was lässt man doch nicht hinter sich. Du schon. Das macht Angst.

Aus dem Rotlicht Deiner Stadtmauer heraus wurdest Du eine angesehene Kauffrau. Du hast Dich aufgerichtet, Du brauchtest beim Arbeiten nicht mehr an die Decke zu schauen. Du betriebst einen Pupurhandel, warst eine angesehene Frau in der Stadt geworden, eine reiche Frau in der hohen Gesellschaft. Mit Ehrfurcht nannte

man Dich Lydia. Plötzlich standest Du im Licht einer an sich selbst berauschten Gesellschaft, in der nur Gewinn ein Wert ist. Ich sah Dich in einer neuen Charakterarmut, in trauriger Ausdruckslosigkeit eines erfolgreichen Lebens.
Im Schatten eines Hauseingangs stand ich, als Du vorübergingst. Umschwänzelt von dümmlichen Männern, ich traute mich nicht ins Licht zu treten. Du hattest mir die Nacht gelehrt. Wo waren die Trümmer von Edom, wo war die Stadtmauer, wo war Lilith geblieben oder Rahab, die sich auf Eisenbahnschienen gekettet hatte, um einen Castortransport aufzuhalten? Ich dachte, ich hätte Dich verloren, auf immer und damit auch ein Stück von mir.
Hätte ich dich angesprochen, ich weiß, dein Nachtgesicht hätte sich verfinstert und Du hättest gesagt: „Auch du willst, dass ich so bin, wie Du mich haben willst. Du willst mich nicht wirklich, Du willst das Bild, dass Du dir von mir gemacht hast." Dann hättest Du Dich umgedreht und dann wärst Du wieder die gewesen, die ich kannte und wollte.
Aber ich sprach Dich nicht an. Das Herz der Nacht, dass Du mir eingepflanzt hattest, drohte zu zerspringen, als ich Dich nun sah: So etabliert, so angesehen, so erfolgreich und so banal.
Ich hatte entschieden meinen dunklen Hauseingang zu verlassen, aus dem ich dich immer beobachtete. Und ich wollte dich nie wieder suchen, als Du Dich plötzlich, ohne erkennbaren Grund dieser Truppe von absoluten Verlierern anschlossest. Einem Haufen ungebildeter armer Fischer und Handwerker, Frauen und Sklaven, Arbeitsloser und Behinderter. Ein wüster Club zerstrittener, unorganisierter Optimisten ohne Zukunft. Der Gründer dieser Truppe war gescheitert, er wurde am Kreuz hingerichtet. Er starb im Elend wie ein Verbrecher. Lydia, also ehrlich. Für keinen Verein waren die Prognosen schlechter, als für diese paar Hippis. Und Du schlossest Dich ihnen an.

Mein Herz zersprang nicht, es blieb ganz. Ich trat aus meiner dunklen Nische in die Sonne. Und wie ich an Deinem Haus vorbeiging, Lydia, hing da dieses Schild. „Zimmer zu vermieten!“
Amen

Drei Minuten
(Mt 8, 5-13)

Als aber Jesus nach Kapernaum hineinging, trat ein Hauptmann zu ihm; der bat ihn und sprach: Herr, mein Knecht liegt zu Hause und ist gelähmt und leidet große Qualen. Jesus sprach zu ihm: Ich will kommen und ihn gesund machen. Der Hauptmann antwortete und sprach: Herr, ich bin nicht wert, dass du unter mein Dach gehst, sondern sprich nur ein Wort, so wird mein Knecht gesund. Denn auch ich bin ein Mensch, der Obrigkeit untertan, und habe Soldaten unter mir; und wenn ich zu einem sage: Geh hin!, so geht er; und zu einem andern: Komm her!, so kommt er; und zu meinem Knecht: Tu das!, so tut er's. Als das Jesus hörte, wunderte er sich und sprach zu denen, die ihm nachfolgten: Wahrlich, ich sage euch: Solchen Glauben habe ich in Israel bei keinem gefunden! Aber ich sage euch: Viele werden kommen von Osten und von Westen und mit Abraham und Isaak und Jakob im Himmelreich zu Tisch sitzen; aber die Kinder des Reichs werden hinaus gestoßen in die Finsternis; da wird sein Heulen und Zähneklappern. Und Jesus sprach zu dem Hauptmann: Geh hin; dir geschehe, wie du geglaubt hast. Und sein Knecht wurde gesund zu derselben Stunde

Es ist Krieg. Eine Schreckbombe explodiert über der Stadt wie ein Feuerwerkskörper. Ein glühender Sprühregen ergießt sich über die Straßen. Jetzt wissen alle: Noch drei Minuten. In drei Minuten wird es ernst, dann detoniert hier irgendetwas. Granaten oder Marschflugkörper? Das erzählen die Schreckbomben nicht. Panik bricht aus, alle rennen von der Straße. Wo ist der nächste Bunker, wo ist der nächste Keller, wo ist mein Mann, wo ist meine Frau, wo mein Kind? Gerade eben standen sie noch neben mir. Wo sind sie. Drei Minuten, wo sind sie. Ein Mann ist gestürzt, nieder gerissen von den anderen. Er kann nicht aufstehen irgendwie steht sein Fuß so

merkwürdig ab. Keine Zeit, wo ist meine Tochter, wo ist mein Mann, wo ist der Bunker?
Ein Soldat kommt angelaufen und versucht dem Verletzten aufzuhelfen. Dieser klammert sich in Panik an ihn, beide stürzen um. Der Soldat steht wieder auf, der Mann schreit. Ein Tanz aus Angst und Panik und dem Versuch zu helfen.
Ein Fahrzeug des internationalen Roten Kreuzes fährt vorbei, bremst kurz, ein Soldat springt von der Ladefläche, es wird wieder Gas gegeben und mit quietschenden Reifen entfernt sich der Wagen.
Der Soldat ist der Feind, für einen kurzen Augenblick stehen die beiden still und sehen sich an.
„Schnell!" sagt der eine, „in den Hauseingang".
Gemeinsam packen sie nun den Verletzten und ziehen ihn über die Straße in ein Haus ohne Tür und Dach. Über die Trümmer eines früheren Angriffs hinweg. Eine Treppe führt ein paar Stufen hinab.
„Da lang!" sagt der andere.
Gemeinsam sitzen die drei im Keller eines zerstörten Hauses und können in den Himmel sehen.
Pfeifend wird die Luft durchschnitten, irgendetwas prasselt dröhnend und brüllend auf die Stadt. Die drei Männer halten sich die Ohren zu, stecken die feindlichen Köpfe zu einander, ein menschliches Knäuel zusammengesunken in Angst.
Sieben Minuten dauert das Bombardement, drei Minuten Warnung, sieben Minuten Lärm und Zerstörung und dann Stille. Präzise um zehn Minuten nach drei am Nachmittag. Eine Stille, die für einen Moment das ganze Land erfasst. Die Straße ist nicht mehr da.
Der erste Soldat hebt den Kopf. „Warum bist du vom Wagen gesprungen? Wir sind doch Feinde."
„Ihr brauchtet Hilfe!"
„Aber wir sind doch Feinde!"
Der andere nickt, hebt den Kopf und schaut in den wolkenlosen blauen Himmel. Ein Keller ohne Decke. „War es ein Fehler?"

„Was war ein Fehler?“
„Euch zu helfen? Hätte ich nicht vom Wagen springen sollen?“
Kopfschütteln, „nein, es war gut.“
„Es war ein Fehler Bomben zu werfen. Ihr werft Bomben auf uns.“
Sagte der Verletzte.
„Bomben zu werfen ist immer ein Fehler“, sagte der Soldat.
„Wir sind Soldaten, Soldaten werfen eben Bomben.“
„Werfen wir Bomben, weil wir Feinde sind? Oder sind wir Feinde, weil wir Bomben werfen?“ fragte der andere.
„Ich weiß es nicht.“
„Es ist diese verfluchte Religion!“ schimpfte der Verletzte. „Die Religion macht uns kaputt. Ihr glaubt dies, dann werft ihr Bomben, wir glauben das, dann werfen wir Bomben zurück. Es ist diese verfluchte Religion.“
„Sag das nicht so“, flüsterte der erste Soldat. „Meine Religion sagt, dass man Menschen helfen muss, wenn sie Hilfe brauchen. Deswegen bin ich nicht weg gerannt, sondern habe mein Leben riskiert, um dir zu helfen.“
Betreten senkte der Verletzte den Kopf.
„Ich bin auch deshalb vom Wagen gesprungen. Weil ich Mitleid hatte und wir uns helfen sollen im Leiden. Ich konnte nicht vorbeifahren. Ich hätte nicht weiterleben können, ohne euch zu helfen.“
Der Verletzte hob wieder den Kopf und schaute von einem zum andern. „Na, ihr seid aber komisch. Da bewerft ihr euch gegenseitig mit Bomben, damit es den andern so schlecht geht, dass ihr ihnen helfen müsst. Weil eure Religionen es gut findet, wenn man hilft. Was sagen die denn zum Bombenwerfen, eure Religionen?“
Die beiden Soldaten schauten sich in die Augen, endlose Momente. Sollten sie sich nun hassen oder nicht? Wenn jeder wieder an seine Front ginge, würden sie auf einander schießen und nun gab es keinen Grund.
Der zweite Soldat schloss die Augen und sagte zum Verletzten: „Du weißt doch genau, dass unsere Religionen nichts über Bomben

sagen. Als die Heiligen Bücher geschrieben wurden, gab es noch keine Bomben."

„Ist das Thema damit beantwortet? Alles was nicht drin steht ist erlaubt? Wie ist es mit sinnlosem Töten, Zerstören, Hassen? Wie ist es mit Liebe und Mitleid und Respekt? Ihr mit Euren Religionen."

Der erste Soldat hob den Kopf. Ein Lächeln huschte über sein Gesicht. Das erste Lächeln am Tag. „Ich heiße Kasim", sagte er und reichte dem anderen Soldaten die Hand.

„Samuel", sagte der zweite und ergriff sie.

Händeschüttelnd schauten sie auf den Verletzen.

„Wie heißt du? Wie ist dein Name?"

„Ach, kümmert ihr Euch wieder um Verletzte, ja? Bringt mich ins Krankenhaus!"

Nun grinsten die beiden Soldaten sich an, eine merkwürdige Welt.

„Nun sag schon."

„Hiob!" zischte der Verletzte.

„Mach keine Witze!" sagte der zweite.

„Bringt mich ins Krankenhaus oder mein Gott erschlägt euch beide!"

Einer legte sich den linken, der andere den rechten Arm des Verletzen über die Schulter und gemeinsam gingen sie durch die Straßen der zerstörten Stadt. Zwei Feinde trugen einen Verletzen, viele wunderten sich, die nun aus den Häusern und Kellern kamen. Man hörte Sirenen von Krankenwagen und lautes Rufen in allen Straßen.

„Was machst du, wenn du wieder zu Hause bist?" fragte der erste Soldat den zweiten.

„Ich habe kein Zuhause mehr. Es ist zerstört worden."

„Meins auch!" sagte der andere.

„Na toll!" sagte der Verletzte, „dann machen wir eine Kommune auf."

„Hauptsache Frieden!" sagte der erste und der zweite nickte.

„Vielen Dank für Eure Hilfe“, sagte der Verletzte.
Amen

Wo willst du wohnen?

„Im Haus meines Vaters gibt es viele Wohnungen."
(Joh 14, 2)

Es geschah im Traum.
Ich hatte den Mietvertrag gekündigt, ein neuer lag schon da. Sollte ich unterschreiben oder nicht? War es eine bessere Alternative? Ich wusste es nicht. Ich saß auf meinen Umzugskartons und wusste nicht weiter.
Der Engel kam, wie sie immer kommen. Ganz unspektakulär, ruhig und entspannt, als wäre es das Normalste der Welt, dass plötzlich ein Engel ins Zimmer kommt. Er nahm mich bei der Hand. „Komm!", sagte er. Und ich ging mit.
An einem Zaun blieben wir stehen. Der Engel breitete seine Hände über das große Grundstück aus, wies nach rechts und wies nach links. „Ein Grundstück", sagte er, „auf dem zwei Häuser stehen. Die Lehre und die Praxis."
Die Eisenpforte quietschte laut, als wir hindurch gingen. Nicht, weil sie nie benutzt worden wäre, sondern weil sie ständig benutzt wird und das seit Urzeiten.
Das Haus der Lehre war alt, an vielen Ecken schäbig und eingefallen, an anderen Winkeln neu aufgebaut oder renoviert, es sah aus wie ein Puzzle, das einer zusammengesetzt hat, der gerne mogelt. Innen war es sehr lebendig. Viele Menschen wuselten durch die vielen Gänge, Hallen und Räume, einige hatten Bücherstapel auf den Armen, die sie durch die Gegend balancierten. Andere starrten stoisch auf ein Bild, mancher rieb sich die Schläfen über einem alten Text. Es gab Räume die waren vollgestopft mit Bücherregalen, die überquellen wollten vor alten Folianten und Papyrie, es gab ordentlich geordnete Wände mit sortierten Signaturen, Zimmer mit Schriftrollen. Wir kamen in eine Kuppelhalle, die war leer. Fragend schaute ich den Engel an.

„Das hier ist die Halle der vielen Gedanken und Ideen, die nie aufgeschrieben worden sind. Im unteren Bereich sind die Gedanken, die mal besprochen und dann verworfen worden sind. Ganz oben schweben die, die nur gedacht wurden. Nichts geht verloren.“
Wir kamen an Zettelkästen, Lesegeräten und Computern vorbei und überall standen Menschen und suchten und fanden.
„Möchtest du hier wohnen?“, fragte mich der Engel.
Ich zog die Schultern hoch, „ich weiß nicht.“
„Wir dürfen keine Bücher und Gedanken von hier mit rüber nehmen, wenn wir uns das Haus der Praxis anschauen. Bist du bereit?“
Ich war bereit, kein Problem. Wir gingen ins Nachbarhaus. Es war ein vergleichbarer, gestückelter Bau, der keinem System zu folgen schien. Innen gab es große und kleine Räume, es wurde viel geübt und gesprochen und probiert. Es war laut und lebendig, lauter als im Nachbarhaus, aber nicht lebendiger. Eine Frau warf Bälle in die Luft und fing sie wieder auf, was mir sehr sinnvoll erschien, jemand anderes schrie sein Spiegelbild an. Dann wackelte er nachdenklich mit dem Kopf, und schrie wieder. Im Nebenraum wurde geschwiegen. Niemand bemerkte unseren Besuch.
„Möchtest du hier wohnen?“, fragte mich der Engel zum zweiten Mal.
„Ich weiß nicht.“
Wir gingen nach draußen auf den Rasen und schauten von einem Haus zum anderen.
„Einige“, begann der Engel, „ziehen vom Haus der Lehre ins Haus der Praxis. Sie kündigen ihren Mietvertrag. So wie du. Aber sie dürfen nichts mitnehmen. Kein Buch, keine Gedanken, die gehören in dieses Haus. Einige ziehen vom Haus der Praxis ins Haus der Lehre, auch sie dürfen nichts mitnehmen. Alles bleibt dort. Es kommt vor, dass einer das andere Haus vermisst und nach einiger Zeit wieder umzieht, das geht. Mitverträge sind flexibel. Keine Entscheidung muss für ewig sein.“ Der Engel lächelte mich an. Ich dachte nach. Dachte an meine vielen Umzugskisten und die Schät-

ze meines Lebens, die ich mit mir umher trug. Da kam mir eine Idee. Eine ganz wunderbare Idee. „Könnte man nicht“, schlug ich vor, „einen Gang bauen, von einem Haus zum anderen. Das man hinüber gehen kann, von hier nach dort und umgekehrt. Vielleicht sogar ein Gebäude bauen, hinein in den Zwischenraum, ein Gebäude, das beide verbindet, so dass es nicht mehr zwei, sondern nur noch ein Haus sind. Ein einziges Haus auf einem Grundstück. Man könnte dann den anderen besuchen ohne Mietverträge zu kündigen oder zu unterschreiben. Es wäre viel unbürokratischer und der Austausch wäre einfacher und lebendiger.“ Im Geiste entwarf ich ein Haus mit Regalen und Übungsräumen und die beiden gestückelten Häuser würde durch ein weiteres Stück ja keineswegs entfremdet werden. Es würde nur denen auffallen, die es wussten. Ach, ich schwelgte in meinen Phantasien und der Hoffnung mich nicht entscheiden zu müssen. Der Engel neben mir war ganz still geworden. Als ich fertig war mit meiner Architektur und meinem neuen Manifest der klugen Gemeinsamkeit, sagte der Engel zu mir: „Komm mit!“ Er drehte sich um und ging. Ich folgte ihm. Seine Schritte führten uns hinter die beiden Häuser. Bis zum Horizont sah ich nur Grabsteine, ein riesiger Friedhof, der größte der Welt, so weit meine Vorstellungskraft reicht. Der Engel machte eine weite Handbewegung und sagte: „Alle anderen, die solche Ideen hatten, wie du gerade, die liegen hier begraben. Nun, wo willst du wohnen?“

Amen

Der stumme und taube Geist
(Mk 9)

Einer aber aus der Menge antwortete: Meister, ich habe meinen Sohn hergebracht zu dir, der hat einen sprachlosen Geist.
Und wo er ihn erwischt, reißt er ihn; und er hat Schaum vor dem Mund und knirscht mit den Zähnen und wird starr. Und ich habe mit deinen Jüngern geredet, daß sie ihn austreiben sollen, und sie konnten's nicht.
Er aber antwortete ihnen und sprach: O du ungläubiges Geschlecht, wie lange soll ich bei euch sein? Wie lange soll ich euch ertragen? Bringt ihn her zu mir!
Und sie brachten ihn zu ihm. Und sogleich, als ihn der Geist sah, riß er ihn. Und er fiel auf die Erde, wälzte sich und hatte Schaum vor dem Mund.
Und Jesus fragte seinen Vater: Wie lange ist's, daß ihm das widerfährt? Er sprach: Von Kind auf.
Und oft hat er ihn ins Feuer und ins Wasser geworfen, daß er ihn umbrächte. Wenn du aber etwas kannst, so erbarme dich unser und hilf uns!
Jesus aber sprach zu ihm: Du sagst: Wenn du kannst - alle Dinge sind möglich dem, der da glaubt.
Sogleich schrie der Vater des Kindes: Ich glaube; hilf meinem Unglauben!
Als nun Jesus sah, daß das Volk herbeilief, bedrohte er den unreinen Geist und sprach zu ihm: Du sprachloser und tauber Geist, ich gebiete dir: Fahre von ihm aus und fahre nicht mehr in ihn hinein!
Da schrie er und riß ihn sehr und fuhr aus. Und der Knabe lag da wie tot, so daß die Menge sagte: Er ist tot.
Jesus aber ergriff ihn bei der Hand und richtete ihn auf, und er stand auf. Und als er heimkam, fragten ihn seine Jünger für sich allein: Warum konnten wir ihn nicht austreiben?

Und er sprach: Diese Art kann durch nichts ausfahren als durch Beten.

Es war einmal, da gab es einen tauben und sprachlosen, wirklich sehr bösen Geist, den konnte man nicht mit den Augen sehen, aber ihn und seine Taten, die waren überall wahrzunehmen. In jedem Volk, in jedem Land der Erde.

Ein tauber und sprachloser Geist, wenn er in die Köpfe der Menschen fuhr, dann wurden sie hin und her gerissen, dieser Geist zwang die Menschen einsame Egoisten zu werden, einsame Sklaven dieses Geistes. Geizig, und alle Sinne wurden von dem Geist darauf gelenkt, dass das Wichtigste im Leben ist, Geld und Gewinn zu machen, alles andere musste sich diesem Geist unterordnen.

Und es war nicht so, dass dieser Geist eine fiese Fratze hatte wie der Teufel, er hatte keine Hörner und keinen Pferdefuß, keinen Schweif, an dem man ihn hätte erkennen können. Nein, dieser Geist war bunt und sah lustig und harmlos aus. Er machte zuweilen sogar Spaß. Überall nistete sich dieser Geist ein, weil die Menschen ihn nicht als böse erkannten, sondern ihm freundlich die Tür öffneten, wenn er anklopfte. Was sie nicht bemerkten, dass er sich nicht nur in ihren Handys, Fernsehern, Häusern und Autos einnistete, sondern in ihren Köpfen. Und das war das wirklich Schlimme. Der Geist ergriff von den Menschen im Ganzen Besitz und er ließ sie nicht mehr los.

Früher standen die Menschen oft gemeinsam draußen am Zaun und unterhielten sich, sie hatten Zeit nach der Arbeit, sie hatten Zeit füreinander, sie bekamen mit, was den anderen bedrückte oder glücklich machte.

Aber wenn sich der Geist erst einmal im Kopf eingenistet hatte, dann rief er die Leute in ihre Häuser. Zu erst nur abends und die Erwachsenen, dann sprang sein blaues Licht an und wie hypnotisiert starrten die Menschen auf den Geist, den sie eigentlich im Kopf hatten.

Er nistete sich ein in ihre kleinen Telefone, besonders bei den jungen Menschen, die ihren Geist wie einen Gott überhaupt nicht mehr aus der Hand legen mochten, sogar wenn sie zusammen saßen hatte jeder seinen kleinen handlichen Gott dabei und in Gemeinschaft wurden sie einsam.

Und dieser Geist, der wuchs und wurde immer frecher. Er drehte die ganze Welt auf den Kopf. Er wollte, dass alle nur noch ihm dienten. Was man früher dachte, das wollte er auslöschen aus ihren Köpfen. Früher galt es als schlecht, wenn man geizig war. Der Geizige war unbeliebt in der Gesellschaft, der Großzügige war das Ideal.

Aber als der Geist schon ordentlich Oberwasser hatte, da traute er sich mehr zu. War es an der Zeit, die alte gute Welt auszutauschen, gegen eine böse Welt. So schien es. Und ein Tempel, in dem der Geist besonders wirkte, warb nun für den Geist selbst, mit dem Slogan, *Geiz ist geil.*

Und in den vielen Köpfen der Menschen hatte der Geist schon so sehr Wohnung bezogen, dass man darüber lachte und es als richtig empfand, geizig zu sein. Genau so wie der Geist es sich vorgestellt hatte.

Sogar die Kanzler des Volkes, und da gab es so einige im Laufe der Zeit, vertrauten ihre Regierung diesem Geist an. Diesem Geist, der alle Menschen dazu brachte zu meinen, Geld zu machen, immer mehr Geld zu machen, wäre das Ziel des Lebens. Und alles andere müsse sich unterordnen. Aber dieser Geist war ein Lügner, er war sogar der größte Lügner, der jemals auf der Welt herum gelaufen ist.

Ständig flüsterte er den Menschen Dinge ins Ohr, die sie irgendwann selbst glaubten. Zum Beispiel: *Wenn es der Wirtschaft gut geht, dann geht es allen gut*. Jahrzehnte lang flüsterte der Geist den Menschen diesen Satz in Ohr. Und lange ging es den Menschen gut und sie glaubten dies. Und der Wirtschaft ging es immer besser. Sie machte immer mehr Gewinne, sie nutze nun die gesamte Welt aus, um Handel zu treiben, um immer mehr Geld zu machen, aber den Menschen ging es nicht entsprechend besser. Im Gegenteil, es ging ihnen immer schlechter. Viele Millionen Menschen verloren ihre Arbeit, sehr viele wurden vom Gesundheitssystem im Stich gelassen, die Alten, die auch auf den bösen Geist vertraut hatten, fielen in eine Armut für die ein Wort erfunden wurde, das es vor zwanzig Jahren noch nicht gab: Altersarmut.

Aber der böse Geist, der unsere Welt so schön bunt machte, der uns mit seinem blauen Licht anpredigte und hypnotisierte, der sich in immer besseren und leistungsfähigeren Handys zeigte, der unsere Kinder zu willenlosen Sklaven einer dummen Konsumgesellschaft machte, dieser Geist blieb gesund und wuchs und wuchs.

Er zog ein in alle Gruppen und Gesellschaftsschichten, in Vereine und Verbände. Vereine, die sich mal zum Ziel gesetzt hatten, den Armen und Schwachen zu dienen, den Unterdrückten beiseite zu stehen, müssen heute zu erst diesen Geist zufrieden stellen, bevor sie das Feigenblatt ihrer Organisation zeigen dürfen.

In der Kirche spricht man mehr von Betriebswirtschaft als von Gott, statt zu beten müssen die Pastorinnen und Pastoren Formulare ausfüllen und verwalten, weil dieser taube und stumme Geist nicht der Heilige Geist ist.

Und dieser taube und stumme Geist war mächtig in der Welt, seine Anhänger sind Legionen und die armseligen Häuflein die versuchen ihm die Stirn zu bieten, finden keine Achtung, sondern Verachtung im Volke oder werden sanft belächelt als ewig Gestrige.

Und dann kam mal wieder so ein Tag, an dem das Volk, in dem dieser taube und stumme Geist so wirksam war, sich eine neue Regierung wählen durfte. Das ließ der Geist zu, vielleicht hatte er Freude daran, die Menschen zu foppen. Denn das Wichtigste war den Parteien, erst einmal diesen Geist zu beschwören. Diesen Geist des Geldes und der Wirtschaft, der schon alles Gut machen würde. Der Geist der Konkurrenz, der Geist des Kapitals, der alles richten wird, was in Schieflage geraten ist.

Dabei ist er es, der Schieflage produziert. Er ist es, der unsere sozialen Systeme belastet und zum Kollaps bringt. Denn dieser Geist bringt die Menschen dazu, zu glauben, dass es ethisch erlaubt sei, sich alles zu nehmen, was man kriegen kann. Die großen Firmen ziehen Gewinne aus dem Land wie nie zuvor. Manager bekommen Gehälter, die in keinem Verhältnis zu ihren Leistungen stehen und weil die Großen das alles machen und glauben, sie dürften es, wollen die Kleinen es auch machen. Der Geist, den sie im Kopf haben, sagt ihnen, die andern machen es doch auch. Die Steuern brauchst du doch nicht zu bezahlen, bist du denn blöd. Die andern sind nicht blöd, aber wer Steuern zahlt, der ist schön blöd.

Durch Arbeit wird man nicht reich. Ach du böser Geist, du tauber und stummer Geist. Eigentlich hast du hier keine Heimat. Du gehörst nicht in unsere Welt. Du machst aus friedlichen Menschen egoistische Geiz-Monster, du lügst durch die Worte der mächtigen und durch das Leben der Reichen, weil du selbst nichts sagen kannst. Du kannst nur flüstern und böse Unwahrheiten in dieser Welt verbreiten.

Und das Volk entschloss sich, diesen Geist zu bekämpfen. Sie wollten diesen Geist loswerden. Aber das ging nur im Gebet, in Gemeinschaft und im Glauben an einen anderen, an einen guten Geist.

So traf sich das Volk, so wie lange nicht mehr und betete gemeinsam. Sie beteten zu einem anderen Geist, einem der nicht stumm war, einem der Trost und wahre Freude schenkt. Einem Geist, der nicht taub ist, wenn man mit seinen Ängsten und Sorgen zu ihm spricht.

Diesen Geist wünschten sich die Menschen des Volkes wieder und er war auch gar nie weg gewesen, aber den anderen, den tauben und stummen, den bösen Geist, den mussten sie erst einmal vertreiben, vertreiben aus ihren eigenen Köpfen. Viele haben noch gar nicht angefangen, aber viele sind auf dem Weg. Und diesen Geist können wir austreiben im Gebet, in Gemeinschaft und im Glauben

an Jesus Christus, der diese Welt überwunden hat, um uns zu befreien.
Amen

Gott am Würstchenstand

Seit einiger Zeit habe ich das Gefühl, es gibt für mich einen Engel. Manchmal zieht er mich an der Jacke, wenn ich unvorsichtig über die Straße gehen möchte. Manchmal schickt er mir einen klugen Gedanken, wenn ich dabei bin Unsinn zu reden. Manchmal fühle ich mich umarmt, wenn ich traurig bin.
Und immer merke ich, es kommt nicht von mir. Immer merke ich, es ist ein anderer da, ich merke, es ist jemand für mich da.
Neulich glaubte ich fast, ich hätte ihn gesehen. Mitten in der Stadt verfolgte mich jemand, aber immer wenn ich mich umdrehte, war niemand da, außer den vielen Menschen, die sich in den Kaufhäusern um die Weihnachtsgeschenke prügelten.
Aber ich hatte das Gefühl, nicht allein zu sein.
Ich bog plötzlich um eine scharfe Ecke und verbarg mich in einem Hauseingang und wartete. Nichts passierte. Als ich wieder auf die Straße trat, fiel hinter mir die Tür ins Schloss, aber dort stand niemand. So ging ich weiter voller Achtsamkeit und Aufmerksamkeit. Als ich den lieben Gott an einer Würstchenbude traf, sprach ich ihn an.
Er hatte gerade ein Stück Thüringer Bratwurst abgebissen.
„Sag einmal", sagte ich vielleicht etwas forsch.
„Sag einmal, kann es sein, dass mich ein Engel verfolgt?"
Bedächtig kaute der liebe Gott an seiner Wurst. „Schon möglich. Alles ist möglich", sagte er und tunkte den letzten Wurstzipfel in einen Haufen Senf.
„Ich kann ihn aber gar nicht sehen, ich spüre ihn immer nur."
„So ist das mit den Engeln", sagte der liebe Gott. „Einen richtigen Engel kannst du nur spüren. Du weißt, dass er da ist, aber sehen kannst du ihn nicht."
Ich musste nachdenken. War denn dieser Typ mit der Lederjacke doch nicht der Engel gewesen? Vielleicht war es die Frau mit dem grünen Hut oder das kleine Mädchen mit den Lackschuhen oder

der Schwarze mit dem Saxophon, der Musik auf der Straße gemacht hatte.

„Hör auf zu grübeln.“ Gott legte mir seine Hand auf den Arm. „Hör auf zu grübeln.“

„Aber ich kann dich doch auch sehen. Wieso kann ich denn einen Engel nicht sehen?“, fragte ich fast etwas bestürzt.

„Aber du kannst mich doch gar nicht sehen, du kann mich nur spüren, genauso, wie du deinen Engel spürst.“

„Was?“, ich machte ein ungläubiges Gesicht. „Ich sehe dich doch vor mir stehen, ich sehe, wie du deine Wurst in den Senf tunkst und wie du kaust.“

„Wirklich?“, sagte der liebe Gott lächelnd.

„Kann ich ihnen helfen?“ Ein Mann sprach mich von der Seite an, den ich noch gar nicht gesehen hatte. Ich sah ihn an und wusste nicht, was ich sagen sollte.

„Mit wem reden sie denn?“, fragte er mich. Ich schaute zum lieben Gott, der natürlich mal wieder weg war. Lautlos wie immer. Immer wenn man beweisen möchte, dass es ihn gibt, ist er weg.

„Och“, sagte ich, als ich den leeren Platz sah, an dem Gott gestanden hatte. „Och, ich rede so mit mir selbst.“

„Sind sie einsam?“, fragte mich der Mann.

„Kann ich so nicht sagen“, antwortete ich. „Einsam? Nein.“

Doch der Mann ließ sich nicht abwimmeln.

„Ich glaube, sie sind doch einsam. Oder haben sie einen Freund?“ fragte er.

„Einen Freund?“ Nein so etwas hatte ich. „Ich habe einen Engel“, sagte ich schnell.

Der Mann drehte sich um, er schaute nach links und er schaute nach rechts. Dann lächelte er mich an. „Ich kann ihn nicht sehen, ihren Engel.“

„Den kann man nicht sehen“, sagte ich vielleicht etwas altklug. „Den kann man nur spüren.“

„Ach.“

Der Mann schaute über den Markt, von einer Bude zur anderen, zu den Glühweinständen und Geschenkbuden, zu Würstchenständen und Bastelbuden.
„Darf ich heute ihr Engel sein?“, fragte mich der Mann und lächelte. „Ich begleite sie heute, ich gebe einen aus und bin ihr Engel, einfach so. In Ordnung?“
Ich sagte nichts. Was für ein merkwürdiger Vorschlag. Man konnte doch nicht einfach ein Engel sein, nur weil man es sich eben mal überlegt hat. Komischer Typ.
„Haben sie Hunger? Ich gebe eine Wurst aus. Was für eine möchten sie haben?“
Ich hatte tatsächlich Hunger, wieso sollte ich mir nicht eine Wurst ausgeben lassen?
„Welche wollen sie?“, fragte er noch einmal freundlich. „Bockwurst, Krakauer, Thüringer, drei Kleine, was darf es sein?“
„Ich nehme eine Thüringer“, sagte ich, die mochte ich am liebsten.
„Das habe ich mir gedacht“, sagte der Mann, „die nimmt der liebe Gott auch immer.“
Amen

Erinnerung
(Jes 43,1)

Meine Mutter und ich wollen verreisen. Nicht nur so zur Erholung oder als Bildungsurlaub. Wir wollen uns auf eine Erinnerungstour, eine Gedächtnisreise begeben.
Schon seit längerem sind wir in Gedanken, in Büchern und Bildbänden und Filmen auf der Spur. In dem alten Atlas meiner Großmutter von 1942 können wir die Orte der Erinnerung mit den Fingern suchen. In dem Atlas stehen sie noch auf deutsch.
Wir wollen nach Ostpreußen.
Allein schon der Name entreißt uns einen schwermütigen Seufzer. Wir sehen vor unserem inneren Auge Kornfelder, Erntewagen mit Pferden, Störche, Seen, die Rominter Heide, Allental, Masuren. Thomas Mann erscheint in seinem Feriendomizil auf der Kurischen Nehrung.
Aber auch die Erzählungen von Flucht und Vertreibung, Flüchtlingstrecks, verlorener Heimat. Diese runden das Bild sozusagen ab.
„Wenn ich meine alten Ostpreußen nicht hätte, wäre meine Kirche nur halb so voll“, sagte einmal ein Kollege.
Viel erfährt man von den Menschen, die um einen herum leben und die ehemals aus Ostpreußen kommen, nicht. Nur bei Beerdigungen, wenn man den Lebensweg der oder des Verstorbenen nachfragt, erinnern sich Angehörige an die eine oder andere Erzählung. Wirkliche Schicksale treten dann zum Vorschein. Man fragt sich wie ein Kind oder Jugendlicher (die sie damals waren) so eine Tortur überlebt haben kann. Wie einen so etwas nicht bis an sein Lebensende verfolgt. Tut es vielleicht ja.

Meine Mutter und ich haben viele Filme gesehen, Berichte gelesen, Bücher über dieses Land und seine Menschen, das wir nun also das Bedürfnis verspürten, endlich selber zu sehen, zu spüren.

Eines schönen Tages sitzen wir bei ihr und packen Koffer.
„Mama, woher kommen deine Großeltern?“, frage ich sie, den Finger schon auf dem Atlas. „Aus Hamburg, mütterlicherseits und väterlicherseits irgendwo aus der Gegend der Lüneburger Heide“, meinte sie nach kurzem Nachdenken. „Und Papas Großeltern?“, fragte ich weiter. „Hm, die Eltern seiner Mutter aus Cottbus und die anderen aus Bielitz.“ Ich suche auf meiner Ostpreußenkarte. „Wo soll denn das sein?“ Meine Mutter überlegt, „irgendwo in Oberschlesien meine ich“.
Ich stutze und schaue vom Atlas auf. „Oberschlesien? Wer von unseren Verwandten kommt denn aus Ostpreußen?“ „Keiner, wieso kommst du darauf?“ Meine Mutter packt weiter Socken und Pullover in den Koffer.
Sie merkt nichts. Sie wundert sich nicht.
„Wieso fahren wir dann ausgerechnet nach Ostpreußen?“ frage ich. Sie guckt mich an und runzelt die Stirn. „Weil das unser Heimwehland ist. Weil wir uns doch immer danach gesehnt haben, nach der Landschaft, den Störchen!“
„Heimwehland, Erinnerungstour, wir haben aber in Wirklichkeit überhaupt keine Beziehung dorthin!“, stelle ich fest. Irgendwie fühle ich mich von meinen Erinnerungen betrogen. Das sind nicht meine Erinnerungen.
„Vielleicht“, sinniert meine Mutter, „ist das so etwas wie eine kollektive Erinnerung.“ „Und wozu?“, will ich ungehalten wissen. „Naja du weißt schon, damit man durch dieses ganze Drama nicht vergisst, wie viel Leid Kriege und Diktaturen und der ganze Mist hervorrufen.“
Das ist mir aber zu wenig. Das erklärt mir nicht dieses Heimwehgefühl, das ich Ostpreußen gegenüber hege.
Wir brechen die Reisevorbereitungen ab. Ich muss erst einmal klären, wo mein tatsächliches Ostpreußen liegt – mein tatsächliches, biographisches.

Ich fühle mich arm, wenn ich so ein süß-trauriges Gefühl nicht mit Dingen herstellen kann, die ich selber erlebt habe.
Diese Bilder von Sonne und reifem Korn und Pferdewagen und Störchen rufen jenes „damals war alles besser" – Gefühl hervor. So wie: früher war diese Straße kaum befahren, wir konnten den ganzen Tag dort spielen.
Kindheit, aha, jetzt bin ich auf der Spur. Die hatte ich auch: Erdbeeren mit Schlagsahne in Omas Garten, Opa bei der Apfelernte helfen, wenn er die Dicke der Äpfel mit seiner Lieblingsautomarke verglich: „Achtung, jetzt kommt ein Audi 100,..."
Früher war nicht alles besser, muss ich mich zurechtweisen, auch bei dir nicht!
Trotzdem, ich bin erstaunt, dass ich mir mit meinen eigenen Erinnerungen so ein Sommer-reifes Korn-Erntewagen-Gefühl hervorzaubern kann. Gut, also Kindheit.
Was ist aber mit dem Verloren-Gefühl, dem Traurigen.
Ich krame alte Fotos aus meiner Kindheit hervor und bleibe beim Haus meiner Oma hängen.
Dort wohnen jetzt andere Menschen. Dort ernten wir keine Äpfel mehr, weil die Apfelbäume längst gefällt wurden, dort gibt es keine Erdbeeren mit Schlagsahne mehr, weil die Großeltern längst tot sind.
Da ist es.
Ich rufe sofort meine Mutter an: „Mama, ich weiß, wo mein Ostpreußen ist. Omas Haus!" Ich bin so traurig und so begeistert, dass ich ein eigenes Ostpreußen habe, dass ich noch am Nachmittag den weiten Weg auf mich nehme und nach Hamburg fahre.
Im Schritttempo fahre ich an Omas Haus vorbei. Ein schöneres und traurigeres Gefühl, davon bin ich überzeugt, hätte mir auch die Reise nach Ostpreußen nicht bringen können.
Auch dort hätte man irgendwann gemerkt, die Erntewagen fahren gar nicht mehr mit Pferden und in den Häusern wohnen jetzt auch andere Menschen.

Und jetzt? Ich merke wie mein Kloß im Hals stärker wird, wie ich dieses „vorbei“ nicht akzeptieren will.
Dass es nicht akzeptabel ist, dass schöne Kindheitsmomente vorbei sind.
Ich fahre zum Friedhof.
Das Grab meiner Großeltern liegt ein Stück vom Weg unter einem kleinen Baum. Ich lege einen Stein auf den Grabstein, zupfe ein bisschen Unkraut und hadere mit meinen toten Großeltern.
Und ich frage mich wozu Erinnerungen nützlich sind.
Mein Handy klingelt und ruft mich in die Gegenwart zurück. Mein Sohn fragt, wann ich endlich komme, sie hätten schon Apfelkuchen gebacken.
Beim Auflegen fällt mir ein, von wem das Rezept zu diesem Apfelkuchen stammt. Von Oma. Mir fallen weitere Dinge ein, die ich von ihr gelernt habe, die ich von ihr übernommen und geerbt habe. Mir fallen Dinge ein, die meine Großeltern mit mir unternommen haben, Sprüche und Reime, die ich jetzt meinen Kindern vorsage.
Vielleicht ist Erinnerung nützlich, wenn man sie benutzt. So eine kollektive Erinnerung, wie meine Mutter meinte, nützt sicherlich um eine höhere Hemmschwelle zu erzeugen, vor Wiederholungen.
Meine privaten Erinnerungen machen mich zu dem Menschen, der ich bin. Und werden durch mich auch in manchen Bereichen gegenwärtig.
Und weiter?
Werden sich auch meine Kinder an gute Dinge von mir erinnern und diese weitergeben?
Und ab wann bin ich als Erinnerung der Generationen vergessen?
Mein Blick bleibt auf dem Grabstein meiner Großeltern hängen.
Es ist etwas eingemeißelt unter den Namen mit Geburts- und Sterbedaten:
Fürchte dich nicht, denn ich habe dich erlöst; ich habe dich bei deinem
Namen gerufen; du bist mein! Amen

Das Geschenk
(Num 6, 24-26)

Jule rannte am Bach entlang, auf dem Schotterweg, der, wie sie wusste, genau neben ihrem Haus auf der anderen Seite des Waldes herauskam.
Sie rannte, dass der Schotter flog und sie Steine in ihre Sandalen bekam, aber sie achtete nicht darauf.
Schon bald kam sie an die Stelle, an der der Bach den Weg kreuzte und ausgerechnet heute war der Balken, der über dem Bach gelegen hatte, seit die Brücke nach der Überschwemmung im Frühjahr weggerissen worden war, fort.
Jule stand ratlos am Ufer. Der Abstand betrug mehr als zwei große Schritte, das war riskant. Andererseits musste sie unbedingt nach Hause.
Sie trabte am Ufer hin und her und überlegte. Sollte sie springen, obwohl es zu weit war? Was, wenn sie in den Bach fiel und mitgerissen würde? Aber wenn sie hier stehen blieb, würde sie auch nicht nachhause kommen. Würde sie zurücklaufen, gingen ihr kostbare Minuten verloren.
Jule war zum Heulen.
Sie lies sich am Ufer nieder und war verzweifelt.
Da hörte sie Stimmen von hinten sich nähern. Zwei Männer kamen den Weg entlang, der eine trug einen kleinen Kasten über der Schulter und der andere hatte eine orangene Weste an.
Jule wartete bis die Männer ganz herangekommen waren.
„Kein Balken mehr da!", sagte sie und zeigte auf den Bach vor sich. Die Männer standen neben ihr und der eine stellte den Kasten vor sich auf den Schotterweg. „Macht nichts, wir bauen eine neue Brücke, da siehst du, das Gerät ist zum Vermessen, damit wir wissen, wie groß und lang sie werden soll."
Jule schnaubte, das war wohl nicht deren Ernst. „Ich muss aber jetzt über den Bach, auf eure Brücke kann ich nicht warten." Die

Männer schauten sich beide an und lachten. Dann sprang der eine über den Bach und der andere hob Jule hoch. „Keine Sorge, solche Fliegengewichte wie dich bekommen wir leicht rüber“, sagte der eine und reichte Jule dem anderen Mann am anderen Ufer herüber.
Jule rief im Laufen noch ein „Danke“ zu den Männern und war schon um die nächste Ecke verschwunden. Endlich, sie hatte kostbare Zeit verloren und hatte doch so etwas Wichtiges zu erledigen. Sie steckte im Laufen die Hand in die Rocktasche und fühlte nach, ob der kleine Zettel noch in der Tasche war. Als sie ihn spürte, ließ sie im Laufen etwas nach, weil sie schon ziemlich außer Atem gekommen war.
Den kleinen Hügel ging sie zügig und ohne die braun und weiß gescheckten Kühe zu beachten, die auf der Weide am Wegrand grasten.
Heute war sie im Kindergottesdienst gewesen. Das war ja nichts Besonderes, da war sie öfter einmal. Aber heute sind sie am Ende des Kindergottesdienstes mit im großen Gottesdienst gewesen, um ein Lied für eine Frau zu singen, die ein besonderes Jubiläum oder Geburtstag oder was hatte, so genau hatte Jule das nicht verstanden. Aber dann am Schluss des Gottesdienstes war etwas geschehen und das wollte sie unbedingt mit nach Hause nehmen.
Jule fiel wieder in Trab und schlüpfte unter einem herabhängenden Haselzweig durch.
Die Lungen brannten ihr schon gewaltig, so lange schon war sie gelaufen und Durst hatte sie, die Zunge war nur noch ein pelziges Etwas und klebte am Gaumen. Aber sie musste nach Hause, solange sie noch genau wusste, wie sie es machen wollte.
Sie wollte nämlich ihrem kleinen Bruder etwas mitbringen. Den hatte sie neu. Den Bruder. Der war gerade geboren und alle waren gekommen, als die Mutter ihn aus dem Krankenhaus mit nach hause gebracht hatte. Und alle hatten Geschenke dabei, aber sie nicht. Ihr war nichts eingefallen. Zuerst hatte sie gedacht, er hätte die alte Puppe haben können, doch dann hat die Oma gesagt, Jungs spielen

nicht mit Puppen. Dann hatte sie daran gedacht ein Bild zu malen, aber erstens hatte sie schon eins für die Mutter gemalt und zweitens hatte Papa erzählt, dass der kleine Bruder die meiste Zeit schlafen würde und da wäre so ein schönes Bild ja die reine Verschwendung. Wie dem auch sei, Jule hatte jedenfalls nichts, bis sie heute dieses wunderschöne Erlebnis hatte und ihr diese wundervolle Idee gekommen war.

Nicht weit entfernt sah Jule die ersten Häuser ihrer Straße und weiter hinten das rote Ziegeldach ihres eigenen Hauses.

Sie legte noch einmal Tempo drauf, auch wenn die Beine und der Atem fast nichts mehr hergaben. Da erreichte sie die Ligusterhecke, die ihr Grundstück von dem Nachbarhaus trennte und sie schlüpfte durch eine Lücke in der Hecke, rannte um das Haus und riss keuchend die Hintertür auf, die in die Küche führte. Die Mutter saß am Küchentisch und las in einem Buch, während das Teewasser auf dem Herd anfing zu kochen. Überrascht schaute sie hoch, als Jule so in die Küche hereingestoben kam. Jule riss die Sandalen von den Füßen und hinkte, weil die eine sich nicht lösen wollte, zu ihrer erstaunten Mutter an den Küchentisch.

„Wo – ist – Ole?", keuchte Jule mit letzter Kraft.

Die Mutter schob die widerstrebende Jule auf einen Stuhl. „Jetzt setz dich erst einmal, was ist dir denn begegnet, dass du hier so hereingejagt kommst?" Als Jule sich etwas beruhigt hatte, erzählte sie der Mutter von dem Gottesdienst und dass sie jetzt endlich wüsste, was sie Ole schenken wollte.

Der Pastor hatte sie gefragt, ob sie zu Hause eine Bibel hätten und hatte ihr dann nur ein paar Buchstaben und Zahlen aufgeschrieben.

Auf Jules Bitten hin ging die Mutter die Bibel holen und schlug sie an der auf dem Zettel angegebenen Stelle auf.

Jule hatte währenddessen ihre Jacke ausgezogen und die Ärmel ihrer Bluse weit hochgeschoben. Zusammen traten Mutter und Jule vor das Körbchen, in dem der kleine Bruder lag und sie anblickte. Jule stellte sich mit hoch erhobenen Händen vor das Körbchen und sah den Bruder an. „Jetzt“, flüsterte Jule, „lies!“ Und die Mutter las:

Der Herr segne dich und behüte dich;
Der Herr lasse sein Angesicht leuchten über dir und sei dir gnädig;
Der Herr erhebe sein Angesicht über dich und gebe dir Frieden.

Jule nickte zufrieden und sagte: „und ich auch“.
Amen

Hephata
(Mk7, 32-35)

Mitten auf dem Hof, neben der großen Wasserpfütze auf dem Boden sitzt Mita mit ihrem kleinen Bruder.
Mita singt ein Lied, das sie aus dem Kindergarten kennt.
Ihr kleiner Bruder spielt ganz in Gedanken mit einer kleinen Schüssel, die er immer wieder in die Pfütze hält und mit Wasser volllaufen lässt.
Mitas Gesang scheint ihn nicht zu stören, nur wenn Mita beim Refrain ihres Liedes ankommt, stupst sie ihm ihren Zeigefinger in die Seite und dann dreht er sich lächelnd zu ihr um.
Als es Zeit für das Abendbrot ist, kommt der Vater über den Hof, nimmt Mita bei der Hand und sagt: „Komm Mita, Zeit reinzugehen." Mita nickt und stupst den kleinen Bruder an, der das Kommen des Vaters gar nicht bemerkt zu haben scheint. „Komm Lasse, reingehen!" Sie zieht ihn mit der anderen Hand hoch. Jetzt bemerkt er seinen Vater und zeigt lachend auf die kleine Schüssel. „Ja, ja", knurrt der Vater und guckt mit einem zärtlichen Blick auf den Kleinen herab, „hast du schön gespielt?" Der Kleine antwortet nicht, schaut den Vater nur weiter an und zeigt ihm die Schüssel. „Ach komm schon", sagt der und zieht Mita hinter sich her. „Warum versuchst du nicht mal richtig mit ihm zu sprechen?", fragt Mita und schaut den Vater kopfschüttelnd an. „Er versteht mich ja doch nicht", seufzt der Vater resigniert und zieht sie weiter in Richtung Haustür.

Lasse, der kleine Bruder von Mita, ist taub. Von Geburt an. Mita stört das nicht, sie kann sich mit ihm bestens unterhalten. Man muss ihn eben nur anstupsen oder knuffen, damit er einen anguckt und dann zeigt man ihm, was man gerade sagen will. Das geht prima, findet Mita.
Mama und Papa finden das nicht.

Ein paar Tage später, die Mutter ist gerade beim Fensterputzen und nimmt ein paar Pflanzen von der Fensterbank. Da fällt ihr Blick in den Hof hinaus, wo Mita und ihr Bruder Lasse bei der großen Pfütze sitzen und spielen.

„Hephata", ruft Mita und noch einmal lauter: „HEPHATA", dabei nimmt sie ihre vom Spielen auf dem Hof schmutzig gewordenen kleinen Finger in den Mund und steckt dann beide Zeigefinger in Lasses Ohren. Einen links und einen rechts.

Die Mutter ist entgeistert, sie stellt die Pflanzen ab und läuft auf den Hof. „Mita! Was fällt dir denn ein, was soll das?", ruft sie im Laufen, reißt Mita von Lasse weg und schüttelt sie. „Lass mich los." Mita fängt an zu weinen, „ich tue das für euch!" „Was denn bloß?", fragt die Mutter, die sich inzwischen etwas beruhigt hat und nun kopfschüttelnd auf Mita schaut. „Ich wollte, dass er wieder hören kann, damit ihr euch auch mal mit ihm unterhaltet!", schnieft Mita. Die Mutter wird immer ratloser: „Aber wozu steckst du ihm deine Finger in die Ohren und was bedeutet dieses Geschrei?", fragt sie und kratzt ein kleines Stück Dreck aus Lasses Ohr.

Mita erklärt, wie sie auf die Idee gekommen ist.

Im Kindergarten hat sie heute eine Geschichte gehört. Und da hieß es:

Und sie brachten zu ihm einen, der taub und stumm war, und baten ihn, dass er die Hand auf ihn lege.

Und er nahm ihn aus der Menge beiseite und legte ihm die Finger in die Ohren und berührte seine Zunge mit Speichel und sah zum Himmel auf und seufzte und sprach zu ihm: Hefata!, das heißt: Tu dich auf!

Und sogleich taten sich seine Ohren auf, und die Fessel seiner Zunge löste sich und er redete richtig.

„Siehst du!“, sagt Mita, „dass scheint nicht weiter schwierig, da hab ich gedacht, ich mach das mal!“
Die Mutter schaut mitleidig auf ihre Tochter und dann traurig auf Lasse, der immer noch unbekümmert an der Pfütze spielt. Dann wird sie auf einmal zornig: „Das hat man davon, wenn man die Kinder in einen evangelischen Kindergarten schickt, man kann ja sehen, was diese scheinbar harmlosen Geschichten für Unheil anrichten.“ Sie schnaubt.
Mita guckt sie verständnislos an. „Aber Mama, versuch du´s doch mal, vielleicht können das nur Erwachsene. Der Spruch, den du sagen musst heißt HEFATA!“. „Sei ruhig!“, herrscht die Mutter Mita an, „kapierst du das denn nicht? KEINER kann Lasse gesund machen.“ „Doch“, sagt Mita, „der Mann in der Geschichte konnte das. Oder ist die Geschichte gar nicht wirklich passiert?“ „Nein“, ruft die Mutter. „Doch. Früher mal. Vielleicht.“ Irritiert schaut Mita sie an. „Nein, doch, Früher?“, fragt sie zweifelnd und mit einem Mal muss selbst die Mutter ein wenig lächeln. „Naja, das ist doch so eine Jesus-Geschichte, der konnte das vielleicht.“ „Und jetzt nicht mehr?“, fragt Mita. „Doch, nein, jedenfalls ist er jetzt nicht da, um Lasse zu helfen.“ „Oh“, sagt Mita, „das ist aber schade!“ Dann nach einem kurzen Nachdenken: „Wir könnten ja hinfahren!“
Die Mutter, ganz in Gedanken versunken, betrachtet Lasse, der wieder seine Schüssel mit Wasser gefüllt hat und sie ihr strahlend reicht. „Was?“, schreckt sie hoch, „wo hinfahren?“ „Na, zu Jesus“, sagt Mita ganz langsam und geht neben der Mutter in die Hocke, wie die Großen das machen, wenn sie meinen, Mita würde dann besser verstehen. Mutter lacht. „Mitamaus, man kann nicht zu Jesus fahren!“ „Kann man nicht?“ fragt Mita ganz enttäuscht.

Am Sonntag sitzen die Erwachsenen in der Stube bei Kaffee und Kuchen. Mita und Lasse wird das zu langweilig. Eben als Mita ihre Jacke vom Haken zerrt, um mit Lasse rauszugehen, hört sie wie die

Mutter den anderen erzählt: „Denkt euch nur, da hat sie ihm die Finger in die Ohren gesteckt und etwas gerufen und gedacht, er würde damit wieder hören können und zu Jesus wollte sie auch fahren..." Die anderen lachen. Mita ist gekränkt. Von denen hat keiner was versucht und überhaupt, warum man nicht zu Jesus fahren kann, hat ihr auch keiner erklärt. Ärgerlich zieht sie Lasse seine Jacke an, nimmt ihre von der Garderobe und geht hinaus in den Hof. Lasse an der Hand geht sie über den Hof in den Garten und lässt sich hinten im Garten bei den Brombeeren ins Gras fallen. Lasse drückt ihre Hand und zeigt auf die Brombeersträucher. „Ja, kannst du machen, gib mir auch welche", sagt Mita und lässt seine Hand los. Grübelnd sitzt Mita da und ist ratlos und auch ein bisschen traurig, weil die Erwachsenen sich über sie lustig gemacht haben.

Die hintere Gartenpforte führt in ein Wäldchen und auf dem Weg, der an dem Garten entlangführt, kommt ein Mann auf Mita zu. Er lehnt sich über die Gartenpforte und schaut Mita freundlich an. „Na?", sagt er, „ist das dein Garten?" „Hm", macht Mita und ist etwas misstrauisch, weil sie den Mann hier noch nie gesehen hat. Doch da taucht Lasse aus den Gebüsch auf und hat ganz blauschwarz verschmierte Finger mit denen er lachend auf den Fremden zeigt und auf ihn zuläuft und ihm ein paar Brombeeren anbietet.

Der Mann hockt sich hin und nimmt ein paar Brombeeren durch das Gitter des Gartenzauns entgegen. Lasse setzt sich auf seiner Seite des Zauns auf den Rasen und beide teilen sich die restlichen Beeren.

Nach einer Weile meint Mita so etwas wie ein leises Flüstern zu hören und sieht die beiden, Lasse und den Fremden, über irgendetwas lachen.

Plötzlich huscht ein Lächeln über ihr Gesicht, so als hätte sie endlich das gefunden, wonach sie schon lange gesucht hatte. Sie steht

auf und geht zu den beiden an den Gartenzaun. Langsam steckt sie ihre Hand durch das Zaungitter und umfasst die Hand des Fremden und sagt leise:
„Man muss gar nicht zu dir fahren, du kommst zu uns!“
Und dann sehen sie sich an, Mita und der Fremde und Lasse und ein Glucksen kriecht in Mitas Kehle hoch.
Amen

Der Schatz

(Mt 13, 44-46)

In einer alten Hütte mitten im Wald saß eine Frau auf einem zerschlissenen Sofa und las in einem Buch. Der Wind pfiff durch die Fenster und auch sonst sah man, dass diese Hütte schon bessere Tage gesehen hatte. Wie die Frau übrigens auch.

Sie trug einen löchrigen Wollmantel und hatte gegen die Kälte einen Schal um den Kopf geschlungen.

Die Frau hatte schon länger keine Bleibe mehr, zwar arbeitete sie hier und da, putzte oder verrichtete andere Dinge, zu denen die meisten Menschen keine große Lust hatten, aber das Geld reichte nicht für eine eigene Wohnung. Da hatte sie in dem Wald diese verlassene Hütte entdeckt und war einfach eingezogen.

In der Hütte gab es außer dem kaputten Sofa nicht viel, aber gestern hatte sie dieses Buch neben der Holzkiste gefunden – eine Bibel.

Ja, dachte sie, das ist nicht gerade das Spannendste, aber immerhin etwas zum Lesen, weil es einen Fernseher in dieser Hütte natürlich nicht gab oder einen CD-Player oder auch nur einen Krimi.

Nun war sie schon seit gestern am Lesen, immer nach der Arbeit, und mittlerweile hatte sie sich in die alte Sprache hineingelesen und festgestellt, dass einiges schon interessant und sogar spannend war. Die Geschichte von Jona zum Beispiel, der von einem Wal verschluckt wurde oder als der kleine David gegen den großen Goliath kämpfte oder als der König von seinen Feinden auf dem Klo erstochen wurde – fast wie ein Krimi.

Jetzt war die Frau schon bei den Geschichten von Jesus angelangt und gerade las sie, wie Jesus zu den Menschen redete, die ihm Fragen stellten. Fragen, die die Frau auch mal interessiert hätten. Zum Beispiel: Wie viel Gutes muss ich eigentlich tun, damit Gott mich gut findet? Was kann ich tun, wenn jemand mich ärgert, darf

ich den wieder ärgern? Was machst du, Jesus, eigentlich hier und woher weißt du, dass du Gottes Sohn bist?
Gerade war sie bei der Stelle, wo die Leute Jesus fragen, wie das eigentlich so ist im Himmel und vor allem, wie man da hinein kommt?
Und sie las, was Jesus den Leuten sagte:
Das Himmelreich gleicht einem Schatz, verborgen im Acker. Den fand ein Mensch und versteckte ihn.
In seiner Freude ging der Mensch hin und verkaufte alles, was er hatte und kaufte den Acker.

Die Frau schaute von dem Buch hoch, sah sich in der Hütte um und sah an sich selber hinunter und dachte: „Das wäre doch die Lösung aller meiner Probleme. Ein Schatz!“
Sie hatte kaum zu Ende gedacht, da war sie auch schon in Eile, sie zog ihre dicken Stiefel an und rannte aus der Hütte, griff sich den Spaten mit dem halben Stil, der neben der Haustür an der Wand lehnte und schon ging es weiter Richtung Waldrand, wo die Äcker anfangen.

Sie grub den ganzen Tag, die Erde flog, auf dem Acker bildeten sich große Hügel Erde, die anzeigten, wo die Frau schon überall gegraben hatte.

Gegen Abend, als sich immer noch nicht ein Fitzelchen Schatz gezeigt hatte, saß die Frau auf dem größten Erdhaufen und die Tränen rannen ihr vor Erschöpfung und Enttäuschung über die Wangen.
Das war ja klar, war nur eine blöde Geschichte und sie war so blöd, darauf hereinzufallen. Hatte einen Acker umgegraben wegen einer Geschichte!
Sie packte den halben Spaten und wollte gerade wieder in den Wald zu ihrer Hütte gehen, da sprach sie jemand an.

„Danke!“, sagte die Stimme. Die Frau drehte den Kopf hin und her und sah schließlich am Fuße des Hügels eine andere Frau stehen. „Danke?“, fragte sie, „wofür?“ „Dass du meinen Acker umgegraben hast! Der hatte es wirklich nötig, aber ich schaffe es alleine nicht. Ich heiße übrigens Ella!“

Die Frau aus dem Wald rutschte den Erdhügel zu Ella hinunter. „Ach weißt du, ich habe den Acker ziemlich verwüstet, ich wollte eigentlich einen Schatz finden.“

Ella lachte: „In meinem Acker? Das wäre ja toll, wenn da ein Schatz drin wäre! Wie kommst du denn auf so was?“

Da erzählte die Frau Ella, was sie in dem Buch gelesen hatte, der Bibel und das doch im Grunde genommen alles wahr sein sollte, was dort steht und sie nicht weiß, wieso sie tatsächlich geglaubt habe, dass sie auch einen Schatz finden könnte.

Ella lächelte sie an und nahm sie beim Arm. „Komm man mit zu mir, auf ein Tässchen Tee, dann zeig ich dir den Schatz!“

„Ach, du kennst die Geschichte?“, fragte die Frau, „steht da noch mehr über den Schatz, vielleicht wo genau man graben muss, um ihn zu finden?“

Die Frau spürte, wie ihre Enttäuschung noch größer wurde. „Kein Wunder,“ dachte sie, „dass ich nichts gefunden habe, wenn Ella den Schatz schon ausgegraben hat. Stand ja auch nichts von zwei Schätzen im Acker!“ Aber Ella zog sie schon in Richtung Haus.

Dort nahm sie sie mit in die Diele, drehte sie in eine bestimmte Richtung und sagte: „Schau hin, da ist der Schatz!“

Dann hob die Frau die Augen und sah in die Richtung, in die Ella gezeigt hatte. Sie war jetzt doch neugierig, was für ein kostbarer Schatz ihr entgangen war.

Doch als sie hinschaute, war sie sehr verblüfft.

Die Frau sah nämlich in den großen Spiegel, der in der Diele hing.

„Ha, ha, veräppeln kann ich mich alleine“, sagte sie zu Ella und wollte wieder zur Tür gehen. Aber Ella hielt sie zurück und schob

sie in die Küche auf einen Stuhl und machte sich daran, Tee zu kochen.
Nachdem beide eine dampfende Tasse Tee vor sich stehen hatten, ging Ella an das Regal in ihrer Wohnstube und holte eine Bibel an den Küchentisch.
Sie schlug die Geschichte mit dem Schatz auf und las sie laut vor, bis zu der Stelle, wo der Mann alles verkaufte, um den Acker, in dem der Schatz lag, zu kaufen.
„Siehst du!“, sagte die Frau, „nichts Neues, das wusste ich auch schon!“
„Ja“, sagte Ella, „aber das hier gehört auch noch zu der Geschichte“:
Und sie las weiter:
Wiederum gleicht das Himmelreich einem Kaufmann, der gute Perlen suchte, und als er eine kostbare Perle fand, ging er hin und verkaufte alles, was er hatte und kaufte sie.

Die Frau schnaubte: „Ja und? Willst du mich jetzt Perlen suchen schicken? Danke ich habe die Nase voll!“
Ella rührte in ihrer Tasse Tee und sagte zu der Frau: „Nein, denn du bist die Perle. Das Himmelreich ist ein Schatz, den man suchen kann, aber du bist auch ein Schatz, ein ganz kostbarer, den der liebe Gott sucht!“
Die Frau lachte kurz auf: „Na, da hat er sich aber wirklich keine Mühe gegeben mich zu finden, ich bin doch die ganze Zeit da, warum hat er mich denn bis heute nicht gefunden?“

„Ich hab dich gefunden!“, sagte Ella und legte ihre Hand auf die Hand der Frau.
Amen

Eva

(Genesis 3, 1-13)

Aber die Schlange war listiger als alle Tiere auf dem Felde, die Gott der Herr gemacht hatte, und sprach zu dem Weibe: Ja, sollte Gott gesagt haben: ihr sollt nicht essen von allen Bäumen im Garten?

Da sprach das Weib zu der Schlange: Wir essen von den Früchten der Bäume im Garten; aber von den Früchten des Baumes mitten im Garten hat Gott gesagt: Esset nicht davon, rühret sie auch nicht an, dass ihr nicht sterbet!

Da sprach die Schlange zum Weibe: Ihr werdet keineswegs des Todes sterben, sondern Gott weiß: an dem Tage, da ihr davon esset, werden eure Augen aufgetan, und ihr werdet sein wie Gott und wissen, was gut und böse ist.

Und das Weib sah, dass von dem Baum gut zu essen wäre und dass er eine Lust für die Augen wäre und verlockend, weil er klug machte.

Und sie nahm von der Frucht und aß und gab ihrem Mann, der bei ihr war, auch davon, und er aß.

Da wurden ihnen beiden die Augen aufgetan, und sie wurden gewahr, dass sie nackt waren,

und flochten Feigenblätter zusammen und machten sich Schurze.

Gott fragte Adam: hast du gegessen, von dem Baum, von dem ich dir gebot, du sollst nicht davon essen?

Adam antwortete: Das Weib, das du mir zugesellt hast, gab mir von dem Baum und ich aß.

Das Weib sagte: Die Schlange betrog mich, so dass ich aß.

„Danke“, sagte Adam und biss in den Apfel. „Hm, lecker, die Sorte hab' ich noch nicht gekostet, von wo ist der?“

Eva drehte verträumt eine Haarsträhne über ihren Zeigefinger: „Von dem da.“

Adam fühlte wie der Bissen sich in seinem Hals festsetzte und den Hals enger machte. Er räusperte sich und merkte, wie sich gleichzeitig mit dem Engerwerden des Halses eine Art Hysterie in ihm ausbreitete. Noch konnte er nicht sprechen, das Räuspern half ein wenig, nun hüstelte er, er räusperte und hüstelte und wedelte zwischenzeitlich mit dem Zeigefinger in die Richtung in die Eva gezeigt hatte.

Eva schaute träge auf Adam und kaute an der Schale des Apfels und drehte ihn dabei, so dass sich ein kleiner Streifen sichtbaren Apfelfleisches rund um den noch beschalten Apfel schlängelte. „Was ist, schmeckt er nicht?“ Adam hüstelte und räusperte immer noch abwechselnd, doch er schaffte es ein paar Worte dazwischen zu schieben: „Ver-bo-ten!“ „Liebling, hast du was gesagt?“, fragte Eva, während sie kleine Blumen zwischen ihre Zehen steckte.

„Ver-bo-ten“, ächzte Adam, „er hat uns verboten davon zu essen!“

Verwirrt hob Eva den Kopf: „Die Schlange meinte, dass man nicht sterben würde, er hat mal wieder übertrieben oder geht es dir schlecht?“ Adam verbarg seinen Kopf zwischen den Händen. „Na und, nur weil man jetzt zufälligerweise nicht stirbt, kannst du doch nicht einfach seinen Wunsch missachten, dass macht man nicht!“ „Weißt du was“, Eva war jetzt sehr aufgebracht, sie setzte sich kerzengerade hin und funkelte Adam wütend an. „Weißt du was, du Spießer, er wollte uns einfach blöd lassen, uns keine Chance im Leben geben, was meinst du, was wir für Chancen haben werden, weil der Baum nämlich klug macht. Er wollte alles für sich alleine, er hat uns ausgebeutet, wollte was Besseres sein als wir ...“ Eva schnaufte. „Er ist was Besseres, er ist Gott!“ Adam hatte seinen Kopf aus den Händen erhoben. „So, und damit fängt es doch schon an, du hast keinen Ehrgeiz, wenn du klug bist, steht dir die Welt offen!“ „Wir haben hier doch aber alles, was wir brauchen“, wandte Adam ein. „Wir sind versorgt, es sind niedliche Tiere um uns herum, du kannst den ganzen Tag reiten, das Essen wächst auf den Bäumen ...“ „Du verwechselst das hier gerade mit dem Schlaraffenland, mein Lieber, oder sind dir hier schon mal gebratene Tauben in den Mund geflogen? Meines Wissens müssen wir immer noch selber pflücken!" Evas Augenbraue war ironisch nach oben gezogen. „Na ja, dafür sitzen wir jetzt wirklich tief drin, was meinst du, was hier los ist, wenn ER das spitz kriegt. Wieso lässt du dir eigentlich von fremden Tieren Sachen aufquatschen?"

Jetzt hatte er endgültig den falschen Ton getroffen. Eva schäumte. „Ach wirklich, meine Schuld ist das also, du hast natürlich nichts gegessen!" „Doch, aber du hast es mir gegeben, ich wusste ja gar nicht, dass dieser Apfel von dem verbotenen Baum kam!" „Und warum nicht? Weil du dich nicht ums Essen kümmerst, du nimmst einfach alles, was man dir vorsetzt, außer du maulst, weil es heute mal nicht schmeckt. Mir reicht das nicht, ich würde gerne mehr wissen, mich fortbilden, Dinge erkennen und unterscheiden können. Ich fand das, was die Schlange gesagt hat, sehr verlockend. Wenn du doch nur ein bisschen mehr Interesse zeigen würdest. Stattdessen hast du die Hosen voll, weil ER etwas merken könnte. Übrigens, du bist nackt!"

„Oh, mein Gott", Adam sah an sich herunter und versuchte durch Heranziehen der Beine, das Schlimmste zu verbergen. Dann wanderte sein Blick zu Eva, die inzwischen, nachdem sie Dampf abgelassen hatte, wieder verträumt dasaß und Blümchen zwischen ihre Zehen steckte. Langsam glitt sein Blick über ihre Haare, ihre Schultern, ihre Brüste ... „Du übrigens auch", lächelte Adam. „Was?", erschrocken fuhr Eva hoch. „Du bist auch nackt", wiederholte Adam. Eva warf ihre Haare nach vorne. „Na toll, es wirkt schon, warte nur was wir noch erleben werden."

Da hörten sie ein Rauschen und jemand rief nach Adam. „Ja, ganz klasse, das werden wir ja gleich sehen."

Das Folgende ist bekannt, Gott merkte natürlich sofort, dass da was faul war und nachdem er Adam befragt und der die ganze Sache auf Eva geschoben hatte, er daraufhin Eva befragt und sie die ganze Sache der Schlange in die Schuhe geschoben hatte, blieb ihm nichts anderes übrig, als die beiden aus dem Paradies zu werfen.

Beim Kaffeetrinken bemerkte die Schlange: „Du hast, wie ich finde, ziemlich überreagiert.“ Gott rührte etwas verlegen in seiner Teetasse. „Schließlich hast du ihnen die Wahl gelassen, Ritter Blaubart.“ Die Schlange biss herzhaft in ein Kuchenstück. „Ach, und du findest das in Ordnung, dass sie sich einfach widersetzen?“, fragte Gott. „Du hättest sie ja anders machen können, wenn's dich stört. Also wirklich, erst einem die Wahl lassen und dann beleidigt sein, wenn sich dann jemand wirklich entscheidet.“ „Also, du kannst sagen was du willst, aber schlau war die Entscheidung nicht!“ Die Schlange zuckte mit den Achseln, „na und, es war jedenfalls ihre Entscheidung!“ Gott trank noch einen Schluck Tee und sagte dann zur Schlange: „Tut mir Leid, dass ich dich da mit reingezogen habe.“ Die Schlange winkte ab. „Aber die Menschen muss ich ab jetzt im Auge behalten, das mit dem freien Willen ist ja ganz unterhaltsam, aber ich glaube, da kann auch viel schief gehen. Es ist bestimmt nötig, ihnen immer wieder auch die Möglichkeit anzubieten, sich richtig zu entscheiden, sonst endet das alles im Chaos. Räumst du ab, ich muss los.“

Eva war stinkewütend, dass Adam ihr die Schuld in die Schuhe geschoben hatte. „Und da sagt der Mensch tatsächlich: Ich war's nicht, sondern die da. Du hast ehrlich keinen Mumm in den Knochen.“ Sie gingen nebeneinander auf der staubigen Straße, die aus dem Paradies herausführte, gekleidet mit der Fellkleidung, die er ihnen noch schnell gemacht hatte.
Eva kicherte leise. „Aber wie du gesagt hast, dass die das gemacht hat, die er dir doch extra zur Seite gestellt hätte, also das war großartig.“ Sie stieß Adam neckisch in die Seite. „Das war echt clever.“ Sie hakte ihn unter und schaute ihn forschend von der Seite an. „Meinst du, das war sie schon?“ „War wer?“, Adam stapfte lustlos

vor sich hin und hatte keinen richtigen Spaß daran untergehakt zu werden. „Na, die Klugheit, meinst du sie zeigt sich schon?“ Adam schaute Eva an. „Du hast echt Nerven. Wir haben alles verloren, wissen nicht, was wir heute Abend essen sollen, aber Hauptsache wir werden klug. Meinst du, dass schlau Hunger zu haben toller ist, als dumm Hunger zu haben?“ „Ach du“, Eva lehnte ihren Kopf an Adams Schulter, „du siehst zu schwarz, positiv denken!“

Abends lagerten sie unter einer Baumgruppe. Eva kletterte auf den Baum und warf Adam ein paar Früchte herunter. Adam sammelte sie auf, setzte sich unter den Baum und begann zu essen. „Äpfel, ausgerechnet“, bemerkte er kopfschüttelnd. Dann sann er noch einmal über den Tag nach und hob nach langer Zeit den Kopf, um nach Eva zu schauen. Die war oben im Baum eingeschlafen und schnarchte ganz zart durch die Nase. Adam stellte sich neben den Baum, sah nach oben zur schlafenden Eva und schüttelte seinen Kopf.

„'ne tolle Frau“, dachte Adam noch, bevor auch er sich unter dem Baum zusammenrollte.

Amen

Die Kneipe
(Joh 2,1-11)

In einer Seitenstraße des Dorfes steht die alte Wirtschaft. Große Eichen von mehreren hundert Jahren stehen in ihrem Vorgarten auf beiden Seiten des Weges, der auf die Tür des Hauses zuführt. Im Sommer stehen Bänke und Tische in dem Garten und zwischen den Eichen werden Lichter gespannt, um die lauen Sommerabende zu erhellen. Um die Weihnachtszeit schmückt weihnachtliche Beleuchtung den Garten und auch jetzt in der dunkleren Jahreszeit säumen Lichter den Weg, so dass man ohne zu stolpern zu der Eingangstür gelangen kann.

Das Schild über dem Eingang ist noch recht neu, jedenfalls im Vergleich zum Alter des Hauses und trägt den Namen der Wirtschaft „Hochzeit zu Kana“. Ein junger Mann hatte die Kneipe vor mehreren Jahren erworben und den Betrieb wieder neu aufgenommen, nachdem sie jahrelang leer gestanden hatte, weil es sich für die letzten Wirtsleute nicht mehr lohnte, sie zu betreiben. Die Leute blieben weg, entweder zu Hause vor dem Fernseher oder sie fuhren weiter in die nahe gelegenen Städte, weil die dortige Unterhaltungsgastronomie mehr zu bieten hatte. Manche der Alten im Dorf erinnerten sich mit etwas Wehmut an die Zeit, als der Dorfkrug noch Treffpunkt war, wo Neuigkeiten ausgetauscht oder bloß in netter Runde ein oder zwei Bier getrunken wurden. „Gehst in Krug, wirst du klug“ war der dazu passende Spruch, den sie sich heute noch erzählen. Doch trotz eines gewissen Bedauerns darüber, keinen Dorfkrug mehr zu haben, hatten sich die Leute damit abgefunden. Das gemeinsame Leben fand auch anderswo statt, bei der Freiwilligen Feuerwehr, dem Roten Kreuz, den Landfrauen, in der kirchlichen Gemeinde – allerdings kaum irgendwo so zweckfrei wie in der Kneipe. Gut, einen gewissen Geruch hatte das In-die-Kneipe-Gehen schon. Schließlich gab es den einen oder anderen,

der über den Durst trank oder dort seiner Verzweiflung in Form von Bier oder Schnaps Raum gab.
Nun, seit einiger Zeit war der Betrieb wieder aufgenommen worden durch eben jenen schon erwähnten jungen Mann, der sich von dem Fernseh- und Vergnügungsverhalten der Leute nicht hatte abschrecken lassen und die Kneipe neu eröffnet hatte. Anfangs ist der junge Mann etwas beäugt worden, man munkelte, dass er irgendeinen Auftrag habe und Menschen mit seiner Kneipe einfangen und zu irgendeinem Unsinn überreden wolle. Er solle die Kneipe nur benutzen, um die Leute von seiner Idee zu überzeugen und zu überreden, mitzumachen. Ganz verdächtig war, dass er auch extra einen Raum für Jugendliche eingerichtet hatte, mit Billardtischen und Dartscheiben.
Zunächst waren die Leute vorsichtig. Bei solchen Spinnern weiß man nie, der will die Jugend aufwiegeln und zum Suff verführen. Wer weiß, vielleicht gibt es da sogar Drogen.
Was die Leute allerdings völlig überraschte war, dass der junge Mann zur Kirche ging. Nicht etwa Weihnachten, wie sie alle, nein immer. Jeden Sonntag. Das grenzt an Fanatismus, sagten die Leute und waren sich einmal mehr einig, dass da etwas dahinter stecken musste.

Als erstes trauten sich dann die Jugendlichen. Sie fingen an, in der Kneipe Billard zu spielen und nach und nach wurde der Raum in der Kneipe zu ihrem wochenendlichen Treffpunkt. Die Eltern, die natürlich besorgt ihre Kinder aushorchten, erfuhren nur, dass der junge Mann ihnen erlaubt hätte, sich den Billardraum nach ihren Wünschen zu gestalten und ansonsten keinerlei Versuche gemacht hätte, in irgendeiner Weise auf die Jugendlichen einzuwirken. Die Erwachsenen, misstrauisch wie sie waren, kamen dann, um sich einmal mit eigenen Augen davon zu überzeugen, was dort nun tatsächlich stattfand. So fand es sich, dass sich immer mehr Er-

wachsene in der Kneipe des jungen Mannes einfanden und nach und nach auch zum Stammpublikum zählten.
Die Alten schüttelten die Köpfe. Was die jungen Leute ihnen erzählten, war ihnen suspekt. Der junge Mann machte nämlich gar nichts. Angeblich sollte er wirklich nur hinter dem Tresen stehen und Bier und ab und an auch mal'n Köm oder einen Wein für die Damen oder eine Cola für die Jugendlichen ausschenken und sich ansonsten zurückhalten.
Es fanden keinerlei Überzeugungsreden seinerseits in irgendeine Richtung statt – im Gegenteil. Die Erwachsenen berichteten, dass sie es seien, die ihm so allerhand erzählten. Was das wohl sei, wollten die Alten misstrauisch wissen. Och, nichts besonderes, eben nur über ihr Leben, hier auf dem Dorf und auf den Höfen und so weiter, der junge Mann käme ja von weiter weg, aus der Stadt glaubten sie und da weiß der ja nicht so Bescheid. Und da würden sie ihm mit ihren Erzählungen wirklich auch helfen, sich besser auf dem Land zurecht zu finden.
Ja und der würde doch immer zu in die Kirche rennen, würde der da nichts sagen? Vielleicht will er den Leuten ja so nach und nach das Trinken abgewöhnen, weil der es doch so mit der Kirche hat und die ja bekanntermaßen mit dererlei nichts am Hut hat. Vielleicht beobachtet der nur ganz genau wieviel einer säuft, um dann irgendwann einmal das öffentlich bekannt zu geben, denjenigen bloßzustellen, damit er abschwört oder so etwas, man hat ja schon allerhand erlebt.

Die Alten brauchten am Längsten bis die ersten beherzt einen Schritt in die Kneipe wagten, natürlich lediglich um nach dem Rechten zu sehen, was schließlich ihre Pflicht den Kindern gegenüber war. Als die ersten beherzten Alten ihren Erzählungen zu folgern unbehelligt blieben, kamen immer mehr – bis es schließlich im ganzen Dorf niemanden mehr gab, der an der Seriosität der Kneipe gezweifelt hätte.

Wenn auch dieser merkwürdige Name da war. „Die Hochzeit zu Kana".
Eine ganz gewitzte und bibelfeste Bäuerin fragte den jungen Mann dann auch mal: „Sach mal, kannst du denn auch Wasser in Wein verwandeln?“ Der junge Mann indes lächelte nur und polierte weiter seine Gläser. Ein paar der Umsitzenden fragten die Bäuerin, was sie mit der Anspielung meinte und die entgegnete: „Ja, kennt ihr die Geschichte nicht, wo unser Herr Jesus auf eine Hochzeit eingeladen war und da dann der Wein ausging?“ „Nö“, sagten die Leute und wunderten sich, woher sie das nun wieder wusste. Aber dann wurden sie neugierig, denn schließlich will man ja wissen in was für einer Umgebung man sich aufhält und dann war da ja noch dieser Anfangsverdacht dem jungen Kneipenwirt gegenüber. „Erzähl’ man, wie ging’s dann weiter?“ „Na ja, was ich noch so erinnere hat Jesus dann Wasser zu Wein verwandelt und dann ging das Fest weiter.“ „Und alle haben gejubelt was?“, lies sich ein älterer Herr aus der Ecke vernehmen. „Nö, gar nicht, das hat keiner mitgekriegt“, entgegnete die Bäuerin nach kurzem Nachdenken. „Natürlich, und er hat auch nichts dazu gesagt, was?“, warf eine Frau ein, die in der Runde an der Theke saß. „Nö, ich glaube nicht, ich glaube das war schon alles. Nur die Jünger, die haben es gesehen.“ Jetzt schaltete sich der junge Mann in das Gespräch ein, nachdem er das gerade fertig polierte Glas in den Schrank gestellt hatte: „Und seine Mutter hat es mitbekommen, sie hat ihn erst darauf aufmerksam gemacht, dass Wein fehlte.“ Die Gäste in der Wirtsstube schauten ihn an, als erwarteten sie, dass jetzt endlich das passieren würde, was sie schon alle lange geahnt hatten, dass er eine Rede halten oder – sie wussten auch nicht genau, was sie erwarteten. Doch nichts dergleichen geschah.
Der junge Mann wandte sich ab, als ob er schon zu viel gesagt hätte und nahm schnell noch ein paar Gläser in die Hand, die er dann polierte. „Ach, ja“, sagte die Bäuerin, „die Mutter hat es ihm

gesagt, aber er hat sie angefahren und dann hat er aber doch gemacht, was sie gesagt hat.“ Der ältere Herr in der Ecke stieß einen Grunzer aus: „Genau wie bei euch, Heiner.“ Der als Heiner angesprochene lief rot an und wollte gerade etwas entgegnen, da sagte die Bäuerin: „Na, ich glaub’, sie hat schon gewusst, dass ihr Jung da helfen würde, das war schließlich Jesus, helfen ist doch so ’was wie sein Beruf!“ „Und was soll das Ganze?", ließ sich die Frau an der Theke vernehmen, "Glaubst du, der Jesus sitzt einfach auf so einer Feier und verwandelt zum Spaß ein bisschen Wasser in Wein? Da ist doch überhaupt keine Botschaft bei, außer, dass wir uns jetzt mit gutem Gewissen vollaufen lassen können. Er hätte das ja auch getan." Diese Bemerkung stieß bei den anderen auf Unmut. Sie solle mal schön die Kirche im Dorf lassen und den Herrn Jesus da drin. Fest und Trinken sei eins und Kirche und Jesus was anderes, basta.

Die Zeit verging und keiner rührte mehr an dem Namen der Kneipe. Das Dorfleben ging seinen gewohnten Gang, nur dass der eine oder die andere abends gerne mal auf einen Schluck Bier oder Apfelschorle in die Kneipe ging. Man tauschte sich dort über das Alltägliche aus oder saß einfach in geselliger Runde beieinander. Der junge Mann stand dabei, bediente und putzte Gläser und hörte zu. Er ging auch weiterhin jeden Sonntag in die Kirche und weil die Dorfbewohner den jungen Mann mit der Zeit schätzen gelernt hatten, wurden einige neugierig. Und dann und wann passierte es, dass der eine oder die andere mitging. Nur mal so. Es war nicht die riesige Überraschung, die sie dort erwartete. Die Predigt war manchmal sterbenslangweilig oder die Orgel spielte falsch oder Konfirmanden waren zu laut, aber trotzdem war es überraschender Weise auf eine Art angenehm, Abläufe wieder zu erkennen, durch eine Predigt zum Nachdenken angeregt zu werden oder beim Kirchenkaffee nachher noch zusammen zu stehen, fast wie in der Kneipe am Abend.

Und dann war er eines Tages weg. Die Tür der Kneipe war abgeschlossen, durch das Fenster konnte man sehen, dass die Stühle hochgestellt waren und die Gläser alle geputzt in dem Schrank hinter der Theke standen. Am Haken neben der Spüle baumelte das Geschirrtuch, als hätte er es eben noch in der Hand gehabt. Die Leute waren zunächst bestürzt und wussten gar nicht, was sie sagen sollten. Sie waren so gerne gekommen und hatten sich bei ihm getroffen. Gut, gesagt hatte er nicht viel, eher gar nichts, aber dennoch waren sie alle dort zusammen gekommen und es hatte sich so etwas wie Nestwärme entwickelt. Was sollten sie denn jetzt tun?

Langsam kehrten sie in ihre Häuser zurück, jeder in seines, ratlos. Im Dorf konnte man in den folgenden Tagen und Wochen wieder die Fernseher flimmern sehen, jeden für sich. Der Kirchenbesuch nahm wieder ab, wozu sollten sie denn jetzt noch in die Kirche gehen?
Bald war die Kneipe nur noch Teil der Geschichte.

Nur ganz wenige erinnerten sich noch an den Namen und als die alte Bäuerin eines Abends ihrer Enkelin von „Früher“ erzählte, erwähnte sie auch die Kneipe mit dem komischen Namen. Wie hat sie noch gleich geheißen? Ach ja, „Hochzeit zu Kana“. Die Bäuerin lachte und als die Enkelin genauer nachfragte und die Bäuerin nicht mehr genau wusste, wie die Geschichte ging, holte sie aus dem Regal ihre Bibel und schlug Johannes 2,1-11 auf. Sie las ihrer Enkelin die Geschichte von der wunderbaren Verwandlung von Wasser in Wein vor. Für einen kurzen Moment sah sie das Bild des jungen Mannes vor sich, wie er mit seinem Handtuch die Gläser polierte, dann las sie weiter:

Das ist das erste Zeichen, das Jesus tat, geschehen in Kana in Galiläa, und er offenbarte seine Herrlichkeit. Und seine Jünger glaubten an ihn.
Amen

Das Bethlehemlicht
(Matthäus 1, 18-25)

Das Licht in ihrer Laterne flackerte ein wenig in der Dunkelheit. Der eisige Wind hatte sich gelegt, dicke Flocken umtanzten sie und ihre Laterne, wie sie zu Fuß an der völlig zugeschneiten Landstrasse entlangging. Das wenige Licht, das die Laterne gab, reichte gerade aus, um den nächsten Schritt zu setzen, aber es gab ihr das Gefühl von Wärme und Geborgenheit – das Flackern hatte etwas Lebendiges.

So waren sie zu zweit unterwegs, sie und ihr Licht in der Laterne.

Eigentlich hatte sie nicht vorgehabt, hier durch das Dunkel zu laufen. Sie war für ihren Landkreis ausgeschickt worden, nach Bethlehem zu fahren und dort das Friedenslicht aus der Geburtshöhle Jesu zu holen, damit es Weihnachten an alle Menschen, die die Gottesdienste besuchten, weitergegeben werden könnte. Sie hatte sich sehr gefreut, als sich herausstellte, dass sie es war, die nach Bethlehem fliegen würde.

Die Reise dorthin hatte gut geklappt, auf dem Rückweg hatte es nur ein paar kleine Probleme am israelischen Zoll gegeben, als sie mit der brennenden Laterne in das Flugzeug steigen wollte. Nachdem das Licht aber zur Zufriedenheit der Zollbeamten untergebracht worden war, gab es kein Hindernis mehr für den Rückflug. Die israelischen Zollbeamten waren allerdings mehr als verwundert über den Aufwand, ein bisschen Licht nach Deutschland zu bringen. „Friedenslicht", das hätte sie gut gesagt. Dieses Licht brenne schon eine ganze Zeit bei ihnen im Land in Bethlehem und jedes Jahr kommen wieder Menschen, die es sich in den verrücktesten Behältnissen abholen, aber Frieden würde es bei ihnen deshalb noch lange nicht geben. Wieso wollten diese Leute dieses Licht an den weit entfernten Orten, aus denen sie kamen, weitergeben, wenn es an Ort und Stelle auch schon nichts bewirken würde.

Diese Worte der Zollbeamten hatten sie nachdenklich gestimmt und sie war auf dem Rückflug lange nicht mehr so euphorisch wie zu Beginn ihrer Reise.
Was sollte das Licht eigentlich, was erwarteten sich die Menschen zu Hause davon und waren ihre Erwartungen vielleicht zu übersteigert? Würde sie mit dem Licht nicht Hoffnung, sondern Enttäuschung mit nach Hause bringen? Sie merkte, wie ihre Vorfreude, ihre besinnliche Stimmung, die Rührung, das Licht von der heiligen Geburtsstätte des Christkindes nach Hause zu den Menschen zu bringen, verflogen waren. Das war alles sehr ernüchternd, wenn sie so auf die Weltlage blickte – Frieden, ein schöner Wunsch, aber an wie vielen Stellen der Welt herrschte Krieg und Hunger und Elend und sie flog völlig dekadent in einem Flugzeug nach Israel, um dort Licht zu holen. Ihr Auftrag schien ihr immer absurder.

Als sie dann in Hamburg gelandet waren, stellte sich heraus, dass aufgrund der katastrophalen Witterungslage kein Anschluss nach Kiel möglich sei, höchstens in ein paar Tagen. Nur dann war Weihnachten vorbei und ihre ihr immer unsinniger erscheinende Mission vollständig umsonst.
Als auf dem Fließband der Behälter mit dem Licht erschien, stand ihr Entschluss fest: sie würde zu Fuß gehen. Sie hatte noch zwei Tage Zeit und das müsste zu schaffen sein – außerdem brauchte sie Zeit zum Nachdenken.

Und so kam es, dass sie hier in der Nacht im Schneegestöber die Landstraße entlanglief.
Das Licht in der Laterne in der grell erleuchteten Flughafenhalle kaum zu sehen, flackerte seinen warmen Schein vor sie auf den Weg. Und eben in dieser nur für ihren nächsten Schritt erleuchteten Dunkelheit hatte sie eben dieses Gefühl zu zweit unterwegs zu sein.

In der Ferne war der schwache Schein eines Gehöftes zu sehen. Gut wäre es, ihre durchgefrorenen Glieder einen Augenblick aufwärmen zu können. Als sie das Gehöft erreicht hatte, klopfte sie, die Laterne mit dem Licht in der einen Hand, mit der anderen an die Tür. Die Tür wurde ihr von einem kleinen Mädchen geöffnet, die über und über mit Mehl bestäubt war. „Kann ich mich bei euch ein wenig aufwärmen, ich habe noch einen weiten Weg vor mir und bin ziemlich durchgefroren." „Ja klar", sagte das kleine Mädchen, „komm rein, wir backen gerade Lebkuchen." Sie folgte dem Mädchen in die Küche, wo die Mutter der Kleinen gerade dabei war, ein Blech Lebkuchen in den Ofen zu schieben. Sie erklärte der Frau, warum und wohin sie unterwegs war und als sie von dem Licht sprach und woher sie es geholt hatte, sah sie, wie das Mädchen andächtig über die Laterne strich. „Das ist echt aus dem Stall, wo das Jesuskind geboren wurde?", fragte das Mädchen. „Ja", antwortete sie nach kurzem Zögern, ob sie jetzt pingelig sein sollte und Höhle statt Stall korrigieren, aber sie beschloss, dass es letztendlich egal sei. „Und das Licht dürfen sich die Menschen im Gottesdienst mit nach Hause nehmen?", fragte das Mädchen weiter. „Ja", sagte sie und schloss daran an, „wenn du willst, kannst du dir eine Laterne suchen und auch für euch ein Licht daran anzünden." „Wirklich?", die Kleine staunte und rannte dann schnell, um eine Laterne zu holen und sie an dem Licht zu entzünden.

Mit einem Male hatte sie das Gefühl etwas unendlich Kostbares zu besitzen und es machte sie froh, davon abgeben zu können, da das Licht ja nicht weniger dadurch wurde.

Die Mutter bot ihr noch ein paar von den fertigen Lebkuchen an, bevor sie sich wieder auf den Weg machte. Als sie sich verabschiedet hatte und im Gehen noch zurückblickte, sah sie die Mutter mit ihrer Tochter an der Hand, die sachte ihre Laterne mit dem Bethlehemlicht schwenkte.

Sie war schon eine Stunde gelaufen, als der Weg heller wurde. Straßenbeleuchtung schien auf die Straße und die Häuser standen enger beieinander. Sie durchquerte die Vororte einer kleinen Stadt. Je heller die Straßenlaternen den Weg beleuchteten, die erleuchteten Geschäfte und Lichtreklamen zahlreicher wurden, auch die Weihnachtsdekoration auf der Geschäftsstraße der kleinen Stadt strahlte, desto schwächer schien das Licht in ihrer Laterne. Jedenfalls sah man es nicht mehr so deutlich.
Sie ging etwas langsamer, sah in die Auslagen der Geschäfte und bemerkte, dass sie noch keine Weihnachtsgeschenke für ihre Familie besorgt hatte. Na, dass würde dieses Weihnachten wohl auch nichts mehr werden. Wenn sie Glück hatte, erreichte sie ihre Kirche noch zum Nachtgottesdienst.
Wie sie so an den Geschäften vorbeibummelte, war sie so von den Dingen eingenommen, die sich in den Schaufenstern befanden, dass sie erst wieder auf die Laterne in ihrer Hand achtete, als diese scheppernd gegen einen Fahrradständer stieß. Peinlich berührt nahm sie die Laterne auf die andere Seite. „Hast du mal ein bisschen Kleingeld?", hörte sie eine Stimme neben sich. Sie schaute in die Richtung aus der die Stimme kam und sah einen älteren Mann, der in einem grünen Militärschlafsack in einem Geschäftseingang lag. Neben ihm ein großer schwarzer Hund. Der Mann hielt ihr seine rote, rissige Hand hin. „Nee", sagte sie, nachdem sie ihre Taschen durchforstet und nur einen größeren Geldschein gefunden hatte. „Kleingeld habe ich nicht." Sie merkte beim Anblick des Mannes, wie kalt es ihr war und sie fragte sich, wie man das aushalten kann, bei der Kälte in einem Hauseingang zu liegen und Berichte gingen ihr durch den Kopf, wie viele Obdachlose in der kalten Jahreszeit starben, weil sie lieber auf der Straße lagen anstatt in die trostlosen Obdachlosenheime zu gehen. Sie fühlte sich ratlos und überfordert.
In einiger Entfernung sah sie die Buden eines Weihnachtsmarktes stehen. „Bin gleich zurück", sagte sie zu dem Mann und ver-

schwand in Richtung Buden. Etwas später kam sie zurück mit zwei Bechern Glühwein in der Hand. Sie setzte sich neben den Mann, reichte ihm den einen Becher und ließ ein paar Geldstücke in die Schale neben ihm fallen. „Unschuldig in Not geraten“ stand auf dem Pappschild davor. „Ach“, sagte der Mann, indem er seine Hände an den warmen Becher hielt, „jetzt noch ’ne Kippe, das wär’s.“ Er zog aus seiner Jackentasche einen Zigarettenstummel und steckte ihn zwischen die Lippen. „Hast du Feuer?“ Sie zog bedauernd die Schultern hoch - „leider nicht.“ „Und da, deine Latüchte, ist das kein Feuer?“ Sie schaute zur Seite, wo sie die Laterne abgestellt hatte. Tatsächlich, hatte sie glatt wieder vergessen. Sie zog die Laterne näher heran und ließ den Mann seine Zigarette anzünden. Als sie beide ihren Becher leer getrunken hatten, verabschiedete sie sich, und wollte weitergehen, da fragte sie der Mann: „Warum schleppst du eigentlich die Latüchte mit dir ’rum, habt ihr zu Hause kein elektrisches Licht?“ Sie erklärte ihm die Sache mit dem Friedenslicht. „Na du hast Humor“, sagte er und rollte sich in seinen Schlafsack. „Na dann tschüß“, murmelte sie noch und dachte im Weitergehen, dass dies wirklich eine völlig bekloppte Mission sei. Wie hatte sie sich herrlich erhaben gefühlt, das Friedenslicht bringen zu dürfen. Als ob damit alles gut werden würde. Als ob die Menschheit nur gewartet hätte, dass sie ihr das Licht bringen würde und dann mit einem Male alle Kranken geheilt, alle Traurigen getröstet, alle Hungrigen gesättigt und alle Obdachlosen frisch geduscht in ihren eigenen Wohnungen sitzen würden. Was für ein naiver Schwachsinn.

Sie hatte gute Lust die Laterne einfach stehen zu lassen und sich ein Hotelzimmer zu nehmen und zu warten bis die Straßen wieder frei wären. Der Gedanke an ein warmes Hotelzimmer war verlockend, aber als sie sich herumdrehte, um nach einem Schild Ausschau zu halten, fiel ihr Blick wieder auf den Hauseingang, wo noch das Fußende eines grünen Schlafsackes zu sehen war.

Sie nahm die Laterne wieder in die Hand und ging weiter.

Hinter der Stadt, hinter einer Biegung sah sie in der Entfernung etwas Großes, Dunkles am Straßenrand stehen. Als sie näher kam, sah sie, dass es ein Schneepflug war, der dort stand, die Klappe des Motors geöffnet. Ein Mann stand davor. „Eine Panne?“ erkundigte sie sich. „Ja, aber bei der Dunkelheit kann ich nix sehen und nicht erkennen, wo der Fehler liegt“, knurrte der Mann ungehalten. „Warten sie, ich leuchte ihnen.“ Sie hob die Laterne und nach einer kurzen Zeit, in der der Mann irgendetwas im Motor gedreht und gesteckt hatte, lies er den Motor an und – der Motor lief. „Vielen Dank, kann ich sie irgendwohin mitnehmen?“ Dankbar nahm sie sein Angebot an und kletterte auf den Beifahrersitz.

Es war schon kurz nach elf, als sie die Kirche ihres Dorfes erreichte. Der Gottesdienst hatte schon begonnen. In den Bänken sah sie viele Menschen sitzen, die einen Behälter mit einer Kerze hielten, die sie später, nach dem Gottesdienst, an dem Friedenslicht, dem Licht aus Bethlehem, entzünden wollten.
Sie ging nach vorne zum Altar, wo unter dem Kreuz die Krippe stand. Dort stellte sie die Laterne ab. Sie schaute abwechselnd zum Kreuz und zur Krippe und sagte leise: „Dann sage du uns, was wir von deinem Licht erwarten können.“
Sie setzte sich leise in eine Bank und hörte die letzten Verse des Predigttextes für die Christnacht:

Siehe, eine Jungfrau wird schwanger sein und einen Sohn gebären, und sie werden ihm den Namen Immanuel geben, das heißt übersetzt: Gott mit uns.
Amen

Leben?

(Joh 12, 24-26)

Wahrlich, wahrlich, ich sage euch: Wenn das Weizenkorn nicht in die Erde fällt und erstirbt, bleibt es allein; wenn es aber erstirbt, bringt es viel Frucht.
Wer sein Leben lieb hat, der wird's verlieren; und wer sein Leben auf dieser Welt hasst, der wird's erhalten zum ewigen Leben.
Wer mir dienen will, der folge mir nach; und wo ich bin, da soll mein Diener auch sein. Und wer mir dienen wird, den wird mein Vater ehren.

„Ist was?" erkundigt sich Jesus. „Hm", brumme ich. „Sag schon!" bohrt er weiter. „Blöder Text", antworte ich ihm und schiebe das Kruzifix auf meinem Schreibtisch ein Stückchen weiter weg. „Von wem?" insistiert Jesus. „Von DIR!", rufe ich ihm entgegen. „Ich sage nur: man soll sein Leben hassen! Ich liebe mein Leben, ich hänge an meiner Familie. Soll ich alle im Stich lassen, auf Wanderschaft gehen und auf ein gutes Ende hoffen, weil mein jetziges Leben hassenswert ist?"
Ich bin zuerst traurig, dann wütend: „Und außerdem erklär mir mal, wie das zu predigen ist. Die Leute haben keine Lust, ständig vorgehalten zu bekommen, sie wären nur an Konsum und der Erschaffung des eigenen kleinen Glückes interessiert. Gerade in diesen Zeiten hassen sie ihr Leben wahrscheinlich eher, als dass sie zufrieden sind. Willst du alle in eine kollektive Depression stürzen?" Ich wippe in meinem Stuhl. „Aha, du findest das, was ich den Menschen zu bieten habe, zu mickrig?" erkundigt sich Jesus. „Nein, nein", lenke ich ein, „natürlich ist so ein ewiges Leben eine tolle Sache, aber nicht so richtig präsent!" „Du findest das ewige Leben nicht so präsent?", ich merke, dass Jesus gleich anfängt zu lachen. „So meine ich das nicht", entgegne ich ihm, „heute wird so viel Wert auf Lebensqualität gelegt, dass man schon eine gehörige

Angst vor dem Tod und dem, was folgt oder nicht folgt, haben müsste, um sich auf deine Forderungen einzulassen: Sein Leben hassen, Dir nachfolgen, Gott dienen." Jesus schaut mich interessiert an. „Du wünscht dir die Höllenangst zurück, wie zu den Zeiten, als die Kirche damit noch Geld verdiente!" stellt er dann fest. „Ach Quatsch", entgegne ich ihm, „obwohl, neulich wollte ein Kind mir fünf Euro geben, weil ich doch mal gesagt hätte, dass man dann kürzer in die Hölle käme. Es hat meine Rolle als Tetzel im Reformationsspiel missverstanden, war aber sichtlich enttäuscht als ich ihm erklärt habe, dass wir kein Geld zu bezahlen bräuchten und keine Angst vor Tod und Hölle haben müssten!" Jesus räuspert sich: „Das ist ja im Prinzip auch richtig!" „Ja, aber es hätte es schöner gefunden, sein mühsam gespartes Taschengeld zu spenden, als, sagen wir mal, sein Leben zu hassen." Herausfordernd schaue ich Jesus an. Er lächelt. „Was stellst du Dir eigentlich unter „sein Leben hassen" vor?", fragt er mich. Ich überlege kurz. „Das man an nichts Materiellem mehr Freude haben darf, nicht mehr an seine Bedürfnisse denken, sich mehr für andere engagieren sollte, dass man ertragen muss, ständig belächelt und nicht für voll genommen zu werden, dass man sich alles, was die Leute seit den Kreuzzügen an der Kirche zu meckern haben, anhören muss und trotzdem glaubensmäßig Flagge zeigen muss und dass man sich keine schicken Klamotten, keine extravaganten Schuhe mehr kaufen darf ..." – jetzt fange ich fast an zu weinen. „Das höchste Gebot war noch mal?" fragt mich Jesus. „Du sollst Gott lieben! Was soll das, willst du mich unter Druck setzen?", frage ich empört. „Das andere, das dem gleich ist?" drängt er genervt, „du sollst deinen Nächsten so lieben wie dich selbst, wer hat das noch mal gesagt?" „Du!" antworte ich ihm. „Können wir dann kurz mal klarstellen, dass es sich bei allem, was ich fordere, um Dinge handelt, die aus der Liebe kommen und zur Liebe führen sollen, dass es um Abkehr, wenn du willst um „Hass" der Bosheit geht, dass du in allem was du tust, prüfen sollst, ob das im Namen der Liebe zu mir und den Menschen geschieht. Ich bin durch das Leid gegangen um näher bei euch zu sein, ist es dann unverständlich, dass die Erlösung von allem Bösem und Schlechtem auch etwas mit dem Tod, den ich erlitten habe und den ich für euch überwunden habe, zu tun hat?" „Aber überhaupt nicht", ich hebe beschwichtigend die Arme. Doch Jesus ist nicht mehr zu stoppen. „Glaubst du, du dürftest dir keine Schuhe mehr kaufen? Das ist mir völlig egal, wenn du endlich aufhören würdest, rumzujammern. Merk dir einfach: Keine Erlösung ohne das Kreuz, es gibt kein Ewiges Leben ohne, dass du das Zeitliche dafür hergeben musst und keine Ehre bei Gott ohne zu dienen! Aber nur aus Liebe! Glaubst du, du kannst einmal versuchen, das zu verstehen?"

Liebevoll schaue ich den hochroten Kopf des Kruzifixes an und sage: „Klar, mit deiner Hilfe und ein paar wirklich schicker Schuhe!"

Amen